重庆大学经济与工商管理学院
School of
Economics and Business Administration
Chongqing University

重庆大学经济管理文库

上市公司会计信息价值相关性及盈余可持续性——基于Ohlson模型的实证研究

VALUE RELEVANCE AND EARNING PERSISTENCE OF ACCOUNTING INFORMATION OF LISTED COMPANIES OF CHINA
——THE EMPIRICAL STUDY BASED ON OHLSON MODEL

张景奇●著

图书在版编目（CIP）数据

上市公司会计信息价值相关性及盈余可持续性：基于 Ohlson 模型的实证研究/张景奇著. —北京：经济管理出版社，2013.4
ISBN 978-7-5096-2424-1

Ⅰ.①上… Ⅱ.①张… Ⅲ.①上市公司—会计检查—研究—中国 Ⅳ.①F279.246

中国版本图书馆 CIP 数据核字（2013）第 076046 号

组稿编辑：杨雅琳
责任编辑：邱永辉
责任印制：杨国强
责任校对：超　凡

出版发行：经济管理出版社
　　　　　（北京市海淀区北蜂窝 8 号中雅大厦 A 座 11 层　100038）
网　　址：www. E-mp. com. cn
电　　话：(010) 51915602
印　　刷：三河市延风印装厂
经　　销：新华书店
开　　本：720mm×1000mm/16
印　　张：14.5
字　　数：211 千字
版　　次：2013 年 5 月第 1 版　2013 年 5 月第 1 次印刷
书　　号：ISBN 978-7-5096-2424-1
定　　价：38.00 元

·版权所有　翻印必究·

凡购本社图书，如有印装错误，由本社读者服务部负责调换。
联系地址：北京阜外月坛北小街 2 号
电话：(010) 68022974　邮编：100836

《重庆大学经济管理文库》编委会

顾　问：陈传明　　徐二明　　高　闯

主　编：刘　星

编　委：王　钦　　冉光和　　龙　勇　　孟卫东　　杨　俊
　　　　杜莹芬　　余　菁　　但　斌　　罗仲伟

《重庆大学经济管理文库》出版说明

《重庆大学经济管理文库》是重庆大学经济与工商管理学院和经济管理出版社组织出版的系列学术丛书。组织出版《重庆大学经济管理文库》，是重庆大学经济与工商管理学院进一步加强课题成果管理和学术成果出版的规范化、制度化建设的重要举措。

近年来，重庆大学经济与工商管理学院的广大教师和科研人员在社会主义市场经济、具有中国特色的管理理论等方面积极开展科学研究和实践探索工作，完成了大量的研究课题，推出了一批重要的研究成果，主要覆盖管理学和经济学门类的工商管理、管理科学与工程、应用经济学等学科。为了系统地总结和展示这些研究成果，从现在起，我们经过一定的评审程序，逐年从中选出一批通过各类别课题研究工作而完成的具有较高学术水平和一定代表性的著作，编入《重庆大学经济管理文库》出版。我们希望这将能够从一个侧面展示重庆大学经济与工商管理学院的科研状况和学术成就，同时，也为优秀学术成果的面世创造更好的条件。

重庆大学经济与工商管理学院

2012 年 11 月

前　言

　　会计信息价值相关性是指会计数字对股票内在价值（一般用股票价格来代替）的预测能力和解释能力。从信息经济学的角度来看，会计信息在资本市场中起着极为关键的作用。因此，在会计理论框架和会计准则制定中，财务报告能否向投资者提供有用的信息，直接影响着会计确认、计量和报告原则，决定着会计的生存和发展。诸如美国财务会计准则委员会（FASB）、国际会计准则委员会（IASC）等世界主要会计准则制定机构都以投资者的信息有用观为导向，并特别强调会计的主要目标是满足资本市场的需要（FASB，1978；IASC，1994）。不难理解，我国会计改革的重要目标之一是提高在我国证券市场中会计信息的有用性。

　　作为新兴的股票市场，我国会计信息是否为投资者决策提供了有用的信息？我国会计信息与股票价格的价值相关性如何？我国股票价格是否反映了企业的内在价值？我国会计信息的盈余质量——盈余可持续性的大小如何？是什么因素影响了我国上市公司的盈余可持续性？我国资本市场是否有效等。这一系列问题，引起了国内外学者的广泛关注，但现有的境内外关于我国会计信息价值相关性的研究多以股票价格作为评判标准，这与我国资本市场初期低效率特征不相适应，本书运用Ohlson模型，通过计价观的研究方法，以股票价格以及新的股票内在价值作为评价标准,对我国会计信息的价值相关性以及盈余的可持续性进行了较为全面的研究。

本书从层次上分为理论分析、实证检验和政策建议三个部分,具体如下:

本书的第一部分包括第1~4章。第1章对会计信息价值相关性的国内外研究现状进行了分析。第2章对我国资本市场发展历程及我国会计制度改革的进程进行了概括。第3章分析了会计目标与会计信息价值相关性的关系。从会计目标的历史演变角度,分析了财务会计目标如何演变成为今天的以满足投资者需求为主要目标,同时还分析了其他非估值因素对财务目标的影响,接着分析和介绍了与会计信息相关的几种常见估值模型。第4章分析和介绍了Ohlson模型的演变及推导过程,介绍了Ohlson模型的线性和非线性形式,为第5~11章运用Ohlson模型进行会计信息价值相关性和盈余可持续性研究奠定了基础。

本书的第二部分包括第5~11章,是整本书的核心,其中第5~9章主要运用Ohlson模型研究我国会计信息的价值相关性,第10~11章则运用Ohlson模型研究我国上市公司的盈余可持续性及影响因素。具体而言,第5章首先研究了我国上市公司每股收益、每股净值会计信息价值相关性的变迁,然后对影响我国上市公司每股收益、每股净值会计信息价值相关性的因素进行了较为全面的分析。第6章通过构建考虑到亏损企业的主营业务利润占总利润的指标,运用设置虚拟变量的研究方法,结果发现,我国上市公司主营业务利润的可持续性及预测能力无论是对未来1年还是对未来6年均高于非主营业务利润,但我国资本市场在早期不仅不能识别这两种不同性质的利润,反而偏好于非主营业务利润,但自2002年起,我国资本市场对这种错误的定价模式进行了纠正,2002~2004年我国上市公司主营业务利润的价值相关性高于非主营业务利润,这不仅标志着我国投资者的投资理念正走向成熟，而且也说明我国资本市场正向有效性较高的成熟资本市场靠拢。第7章借鉴国外最新的研究成果，结合我国的现实状况，运用Richardson对应计项目的推导结果，通过对应计项目的重新分类，对我国的上市公司进行了实证研究。实证研究的结果表明：现金盈余的可持续性大于应计项目的可持续性；在应计项目不同组成的可持续性中，流动资产年变动额引起的应计项目大于长期资产变动额引起的应计项目，短期负债变动额引起的应计项目大于长期负债变动额引起的应计项目。总之，盈余的可靠性与其可持续性呈正相关关系，应计项目的可靠性越差，其可持续性越低。第8章通过新的股票内在价值的计算方法，对Ohlson模型的价值相关性与股利贴现模型、自由现金流量模型的价值相关性进行了比较。在分析股利贴现模型、自由现金流量贴现模型、Ohlson模型演变与推导过程的基础上，通过将2004年12月31日的股票价格和收到的股利折现的方法计算出了股票在不同时刻的内在价值，通过对我国1997~2002年2561个样本企业/年观测值的不同模型预测值与其对应的股票价格及价值混合回归分析发现，三个模型对我国股票价格几乎没有解释力，这与成熟资本市场有较大差异，但Ohlson模型对股票内在价值具有较强的解释力，且明显高于其他两个模型，这与成熟资本市场类似，这一方面说明了Ohlson模型对计算我国股票内在价值的有用性，另一方面也证明了我国资本市场的效率有待提高。第9章运用Ohlson非线性模型对国内、国际会计准则的价值相关性进行比较研究后发现：无论是以A股股票价格还是以H股股票价格为股票内在价值为评价标准，无论是考虑T期后的预测值还是不考虑T期后的预测值，基于国际会计准则预测值与A股股票价格的回归系数显著大于基于国内会计准则的预测值的回归系数，同时，依靠国际会计准则进行股票内在价值预测的误差率小于依靠国内会计准则进行股票内在价值预测的误差率，从而证明了国际会计准则的有用性较国内会计准则大。第 10 章假定企业按利润大小的固定比率支付给股东股利，在借鉴 Kormendi 和 Lipe 盈余可持续模型的基础上，运用 Ohlson 模型对 Kormendi 和 Lipe 的盈余可持续模型进行了优化，并构建出了更符合现实条件的盈余可持续性指标模型。接着，对本章的盈余可持续性指标、Kormendi、Lipe 的盈余可持续性指标的有用性进行了比较性的实证检验。第 11 章在运用 Ohlson 模型计算了不同企业不同年份终端隐含价值的基础上，对影响终端隐含价值的因素进行了分析，发现企业预测期盈利能力、行业市场占有率、负债/资产比率、固定成本结构对终端隐含价值有显著的正影响，证明了代理理论适合我国国情，企业负债有利于企业盈利的长期可持续性；而企业规模、投资规模对终端隐含价值有显著的负影响，说明我国上市公司资金的使用效率有待提高。

本书的第三部分为第 12 章，在第 2 章对我国资本市场固有特征分析和第 5~11 章的基础上，提出了提高我国会计信息的价值相关性、盈余可持续性以及我国资本市场的效率若干政策建议，这些政策建议包括完善配套法律、会计准则进一步国际化、取消券商自营以及进一步发展偏股型投资基金等机构投资者的一系列措施。

目 录

❶ 绪 论 / 001

    1.1 研究目的 / 002

        1.1.1 选题的理论价值 / 002

        1.1.2 选题的现实意义 / 003

    1.2 国内外研究现状 / 004

        1.2.1 盈余的信息含量及价值相关性研究 / 004

        1.2.2 综合会计信息的价值相关性研究 / 007

        1.2.3 A、B股价值相关性比较研究 / 010

        1.2.4 国内外研究现状分析 / 014

    1.3 研究内容和研究方法 / 016

        1.3.1 研究内容 / 016

        1.3.2 研究方法 / 020

    1.4 本书的结构 / 020

    1.5 本书的主要贡献和创新 / 023

    1.6 本章小结 / 026

❷ 中国资本市场及会计制度改革的发展历程 / 027

    2.1 经济体制改革与中国资本市场的发展历程 / 027

    2.2 中国股市的特征 / 030

2.2.1　股权分置 / 030
2.2.2　相当数量的上市公司质量不高 / 031
2.2.3　庄家大肆操纵股价 / 032
2.2.4　股票价格波动较大，市盈率、市价净值比偏高 / 033

2.3　中国会计改革的发展历程 / 037
2.3.1　中国会计制度的改革 / 037
2.3.2　中国基本和具体会计准则的改革 / 041

2.4　本章小结 / 042

❸ 会计目标、估价模型与价值相关性 / 043

3.1　会计目标的历史演变 / 043
3.1.1　西方会计目标的历史演变 / 043
3.1.2　中国会计目标的历史演变 / 047

3.2　会计信息价值相关性的理论基础 / 048

3.3　非估值因素对会计目标的影响 / 049

3.4　计价模型及其与会计信息的联系 / 050
3.4.1　股利贴现模型 / 051
3.4.2　自由现金流量贴现模型 / 052
3.4.3　MM 会计永久盈余贴现模型 / 052
3.4.4　资产负债表模型 / 053
3.4.5　Ohlson 模型 / 053

3.5　本章小结 / 054

❹ Ohlson 模型的演变及其发展 / 055

4.1　Ohlson 模型的推导过程 / 055
4.1.1　Ohlson 模型的非线性形式 / 055
4.1.2　Ohlson 模型的线性形式 / 057
4.1.3　关于股利对下期每股收益和当期股票内在价值影响的重要推论 / 058

4.2　Ohlson 模型的重要意义 / 059

4.2.1 Ohlson 非线性模型的重要意义 / 059

4.2.2 Ohlson 线性模型的重要意义 / 061

4.3 本章小结 / 061

❺ 每股收益、每股净值与价值相关性 / 063

5.1 文献回顾 / 063

5.2 研究方法 / 064

5.3 样本选取 / 065

5.4 我国上市公司每股收益、每股净值价值相关性的变迁 / 066

5.5 影响我国上市公司每股收益、每股净值价值相关性因素的理论与实证分析 / 070

5.5.1 主营业务利润和非主营业务利润 / 070

5.5.2 企业赢利的正负 / 073

5.5.3 企业规模 / 074

5.5.4 盈余的质量 / 075

5.5.5 无形资产密集程度 / 076

5.5.6 企业未来盈余的增长潜力 / 078

5.6 本章小结 / 079

❻ 主营业务利润、非主营业务利润与价值相关性 / 081

6.1 文献回顾 / 081

6.2 研究假设 / 083

6.3 样本选取与研究方法 / 084

6.3.1 样本选取 / 084

6.3.2 研究方法 / 085

6.4 回归结果与分析 / 087

6.4.1 主营业务利润与非主营业务利润的可持续性的研究结果与分析 / 087

　　　　　6.4.2　主营业务利润占税前利润总额比率大小对
　　　　　　　　会计信息价值相关性影响的回归结果与
　　　　　　　　分析 / 088

　　6.5　本章小结 / 093

7 经营现金流量、应计项目与价值相关性 / 093

　　7.1　文献回顾 / 095

　　7.2　研究假设 / 097

　　7.3　样本与数据来源 / 100

　　7.4　应计项目的定义、分类以及可靠性分析 / 100

　　　　　7.4.1　应计项目的定义 / 100
　　　　　7.4.2　应计项目的分类及可靠性分析 / 102

　　7.5　实证结果 / 106

　　　　　7.5.1　假设 1 的检验 / 106
　　　　　7.5.2　假设 2 的检验 / 108
　　　　　7.5.3　假设 3 的检验 / 112

　　7.6　本章小结 / 118

8 Ohlson 模型、股利贴现模型、自由现金流量模型与价值相关性 / 121

　　8.1　文献回顾 / 121

　　8.2　三种股权估价模型的内在联系及其演化、推导过程 / 124

　　　　　8.2.1　股利贴现模型 / 124
　　　　　8.2.2　自由现金流量贴现模型 / 125
　　　　　8.2.3　Ohlson（Edwards-Bell-Ohlson）模型 / 127

　　8.3　数据与模型设定 / 128

　　　　　8.3.1　数据 / 128
　　　　　8.3.2　模型设定 / 129

　　8.4　实证结果及分析 / 131

8.4.1 描述性统计量计算结果 / 131

8.4.2 股票价格与三种预测模型的回归结果及分析 / 132

8.4.3 股票内在价值与三种预测模型的回归结果及比较分析 / 134

8.5 本章小结 / 137

⑨ 国内会计准则、国际会计准则与价值相关性 / 139

9.1 文献回顾 / 139

9.2 研究设计 / 141

9.3 数据来源 / 145

9.4 研究结果与分析 / 145

9.4.1 以 A 股股票价格为评价标准的不同会计准则预测值与股票价格相关性的比较 / 145

9.4.2 以 H 股股票价格为评价标准的不同会计准则预测值与股票价格相关性的比较 / 147

9.4.3 不同会计信息预测值准确度的比较 / 149

9.5 本章小结 / 151

⑩ Ohlson 模型、固定股利支付比率与盈余可持续性 / 153

10.1 文献回顾 / 153

10.2 基于 Ohlson 模型的盈余可持续性指标的构建 / 155

10.2.1 股票投资回报与盈余之间的关系 / 155

10.2.2 基于 Ohlson 模型的企业估值与盈余可持续性 / 156

10.3 算例分析与实证检验 / 160

10.3.1 样本来源与样本选取 / 160

    10.3.2 意外盈余反应系数、PER 值、OPER 值的计算 / 162

    10.3.3 PER 值、OPER 值有用性的实证检验 / 163

  10.4 本章小结 / 165

11 Ohlson 模型、盈余可持续性与影响因素 / 167

  11.1 企业盈余与股票内在价值的关系及盈余可持续性指标的构建 / 167

  11.2 影响企业盈利可持续性因素的理论分析 / 170

    11.2.1 企业预测期的盈利能力 / 170

    11.2.2 行业壁垒 / 171

    11.2.3 企业规模 / 171

    11.2.4 资本结构 / 172

    11.2.5 固定资产投资规模 / 172

    11.2.6 资金密集程度（固定成本结构）/ 172

  11.3 研究方法 / 173

    11.3.1 数据来源 / 173

    11.3.2 股票内在价值的计算 / 174

    11.3.3 Ohlson 模型终端隐含价值的计算 / 175

    11.3.4 模型设定 / 177

  11.4 实证结果及分析 / 177

  11.5 本章小结 / 180

12 研究结论和政策建议 / 181

  12.1 研究结论 / 181

  12.2 实证研究结论的启示 / 184

    12.2.1 我国会计信息的价值相关性有待进一步提高 / 184

    12.2.2 我国资本市场的有效性有待进一步提高 / 185

12.3 提高我国会计信息价值相关性和资本市场有效性的政策建议 / 187

    12.3.1 完善配套法律，严防会计信息造假 / 187

    12.3.2 完善我国会计准则，我国会计准则应进一步国际化 / 189

    12.3.3 对券商的经营范围进行规范和限制 / 190

    12.3.4 正确处理可靠性与相关性的关系 / 190

    12.3.5 进一步发展壮大理性的偏股票型投资基金等机构投资者 / 191

    12.3.6 加强对中小投资者进行投资知识的教育，培养理性中小投资者 / 196

12.4 后续研究设想 / 197

12.5 本章小结 / 198

参考文献 / 199

后　记 / 213

1 绪 论

会计信息价值相关性是指会计数字对股票内在价值（一般用股票价格来代替）的预测能力和解释能力。从信息经济学的角度来看，会计信息在资本市场中起着极为关键的作用。不难理解，我国会计改革的重要目标之一是提高我国证券市场中会计信息的有用性。此外，从投资者的角度出发，是否可利用会计信息对企业内在价值进行评估，股票价格是否反映了企业的内在价值，资本市场是否有效等，也是人们所关心的问题。但现有的国内外关于我国会计信息价值相关性的研究多以股票价格作为评判标准，这与我国资本市场初期低效率特征不相适应，本书运用Ohlson模型，通过计价观的研究方法，以新的股票内在价值计算方法作为评价标准，对我国会计信息的价值相关性和盈余可持续性进行了较为全面的研究。

1.1 研究目的

1.1.1 选题的理论价值

总体而言，会计信息价值相关性研究理论价值有以下几点：

第一，会计准则制定和会计信息披露监管的需求。在现实生活中，会计信息是多种合约得以履行的基础。在众多的会计信息需求者中，投资者是会计信息的主要需求者，满足投资者的需求是财务会计的主要目标。因此，在会计理论框架和会计准则制定中，财务报告能否向投资者提供有用的信息，直接影响着会计确认、计量和报告原则，决定着会计的生存和发展。诸如美国财务会计准则委员会（FASB）、国际会计准则委员会（IASC）等世界主要会计准则制定机构都以投资者的信息有用观为导向，并特别强调会计的主要目标是满足资本市场的需要（FASB，1978；IASC，1994）。从会计准则制定者的角度出发，当一项会计准则制定后，究竟会产生怎样的经济后果，是否达到了会计目标，需要实证的检验。例如，新的会计准则所产生的会计报表是否对资本市场具有新的信息含量？新的会计准则所产生的报表数字是否会影响股票的价格和投资回报？等等。这一系列问题都需要进行实证检验。因此，在成熟的资本市场上，检验按照现行会计准则、会计制度所提供会计信息的有用性和相关性，不仅是评价会计政策与制度优劣的主要标准之一，而且是会计界的重大研究课题。不难理解，我国会计改革的重要目标之一是提高我国证券市场中会计信息的有用性

(Winkle et al., 1994; Xiang, 1998; Chen et al., 1999)。

第二，股票投资内在价值分析的需求。股票投资者、债权人都会关心企业的投资价值。从理论上讲，股票的内在价值是股票持有者未来收到的从持有的该股票分得的股利现值之和。由于通过对企业过去和现在财务状况的分析可预测上市公司未来的现金流动状况，因此，通过对企业过去和现在财务状况的分析，可估算出股票的内在投资价值，识别错误定价的股票，从而获取超额投资回报。对股票内在价值进行分析最早可追溯到1934年本杰明·格雷厄姆出版的《证券分析》一书，在此之后，人们便热衷于股票投资的内在价值分析。世界最著名的投资大师巴菲特就是格雷厄姆的弟子和价值投资理念的忠实追随者。由于大量的事实证明证券市场并非人们想象的那样有效，股票内在价值的投资理念日益受到人们的重视。目前，全球7万亿美元以上的投资基金大都奉行价值投资理念。

第三，资本市场有效性检验的需求。Fama（1970，1991）把有效市场定义为"证券价格充分反映了所有的信息"。资本市场是否有效对会计研究具有重大意义。例如，若资本市场有效这一假设成立，则证券投资的内在价值分析将变得毫无意义，因为投资者通过内在价值分析将不可能获得任何超额投资回报，同时，上市公司的不同会计方法计算出来的盈余数字也不会影响股票价格；反之，则会出现相反的结果。事实上，资本市场有效性的检验与股票内在价值的分析是相辅相成的。

1.1.2 选题的现实意义

自1990年我国重新开放证券市场以来，我国证券市场取得了惊人的发展，现已成为世界主要证券市场之一。截至2012年10月，我国股市总市值达突破 20 万亿元大关，由于 2011 年我国 GDP 总量为 47.2 万亿元，按照 2012 年我国 GDP 将比 2011 年增长 10%计算，2012 年我国沪深两市总市值占 GDP 的比重已约为 40%。与此同时，为适应资本市场的需要，我国上市公司会计制度也进行了一系列的改革，一系列会计准则陆续出台，现在我国会计准则已与国际会计准则基本接轨。作为新兴的股票市场，我国会计信息是否为投资者提供了决策有用的信息？我国会计信息与股票价格的价值相关性如何？我国股票价格是否反映了企业的内在价值？我国上市公司会计信息的盈余可持续性如何？我国资本市场是否有效？本书运用 Ohlson 模型的线性与非线性形式，从影响我国会计信息价值相关性因素、不同盈利组成对价值相关性影响、Ohlson 模型的有用性与其他价值评估模型的有用性的比较、盈余可持续性及影响因素等角度对我国会计信息价值相关性进行了研究。

1.2 国内外研究现状

国内外学者对我国会计信息价值相关性的研究主要表现为以下几个方面：

1.2.1 盈余的信息含量及价值相关性研究

1968 年前，会计研究的方法仍然是规范型的，正如 Hendriksen (1965) 所说："会计理论发展的第一步是对会计目标进行明确的定义，而最合适的会计理论是支撑实现会计目标的技术和程序。"因此，当时会计理论的发展取决于研究者对会计目标的假定，会计理论预测性的实证效果则很少引起人们的重视。由于会计理论的逻辑一致性，评价会计政策优劣的标准就演变为对各种会计目标的选择。但是，因为人们对会计目标持不同的意见，这就使人们对什么是最优会计政策产生了分歧，从而导致了人们对财务报表中盈余数字的有用性产生了怀疑。Hendriksen（1965）观察到"人们已经在抱怨：除非损益表对其提供的报告项目的理由作出改进或根本性的变革，它将在近期内寿终正寝"。总而言之，由于各种原因，很多人对按照历史成本进行核算的会计信息的有用性产生了怀疑，甚至人们怀疑是否可通过盈余数字来评价企业的健康状况。在这种背景下，1968年Ball和Brown运用事项研究法对盈余数字和股票价格的变动进行了检验，证明了盈余数字的有用性及其信息含量，同时，也揭开了实证会计研究的序幕。

1998年前，尽管我国证券市场已有近8年的发展历程，尽管我国会计制度已进行了一系列的改革，我国的会计研究仍然是规范性的，这与1968年前美国的情形十分相似。由于我国股市的历史相对较短，会计准则尚不完善，导致一些学者和实际工作者对包括盈余在内的会计数字的有用性持否定态度，甚至有人认为在中国股市上投资纯粹在赌博。我国会计信息是否向投资者传递了有用的信息？我国会计准则的实施效果如何？赵宇龙（1998）使用Ball和Brown所采用的事项分析方法，通过对上海股票交易所123家样本企业1994~1996年3个年度会计盈余披露日前后各8个交易周内意外盈余与股票超额收益之间的关系后发现，意外的会计盈余符号与股票超额收益符号之间存在统计意义上的显著相关关系，从而证实了会计盈余具有信息含量的假设。赵宇龙的研究不仅证明了我国会计信息的有用性，也揭开了我国实证会计研究的序幕。陈晓、陈小悦等（1999）进一步对沪深两市1993~1998年的764个样本运用事项研究法进行检验，证实在我国A股市场上，盈余数字具有很强的信息含量，从而进一步证明我国会计信息的有用性。

由于企业会计利润分为主营业务利润和非主营业务利润两大部分，企业主营业务利润具有可持续性，因此主营业务利润可代表企业持续的经营能力，股票市场是否能反映出企业利润表不同组成部分的差异？最近，企业利润不同组成部分的可持续性及其价值相关性已引起研究者的重视，研究显示，在美国证券市场上，主营业务利润的价值相关性要高于非主营业务利润的价值相关性。而作为新兴市场的我国的情况又如何？赵宇龙、王志台（1999）分别采用信息观下的事项研究法和计价观下的比较市盈率与主营业务比重的方法，对上交所 1997~1998 两个会计年度的 293 家样本企业的主营业务利润与非主营业务利润的价值相关性进行研究，发现我国证券市场不能识别会计盈余中的永久性部分和非永久性部分，股票价格只是机械地对名义 EPS 做出价格上的反应，不能识别 EPS 中永久盈余成分的经济含义，或者说我国证券市场存在"功能锁定"现象。在进行分组配对样本法检验时，也没有出现 EMH 所预期的市盈率与主营业务比重之间的正相关关系。刘星等（2001）对我国沪深两市 1997~1999 年 271 个样本采用同样的方法进行进一步检验，得出同样的结论。

Shimin Chen 和 Yuetang Wang（2004）运用价格和报酬模型对我国 1997~2000 年 2202 家样本企业的这一问题进行了更详细、更深入的研究。他们同时运用报酬模型与价格模型对主营业务利润与非主营业务利润进行分年度和总体混合回归检验，结果发现，无论是分年度回归还是总体回归，无论是价格模型还是报酬模型，非主营业务利润的回归系数总大于主营业务利润的回归系数，这就证明了我国证券市场的非主营业务利润的价值相关性高于主营业务利润的价值相关性，与美国的情形完全相反。

1.2.2 综合会计信息的价值相关性研究

自 1968 年 Ball 和 Brown 开创实证会计研究之后，在相当长的一段时间里人们的研究内容一直锁定在以信息观为基础的会计盈余数字上。Ohlson（1995）根据股利与会计盈余、股东权益之间的关系等式，将股票内在价值的股利贴现模型转变为与会计盈余、股东权益相对应的剩余收益模型，自此，人们的研究扩展到以计价观为基础的包括资产负债表、利润表等会计信息的价值相关性上。自赵宇龙（1998）发现我国利润表中的会计盈余具有信息含量之后，海内外学者对我国资产负债表、利润表等会计报表所提供的会计信息的价值相关性又进行了一系列的研究。

陆宇峰（2000）对我国 1993~1997 年 2176 个公司/年观测值 A 股样本企业进行了研究，他运用价格模型研究了每股收益、每股净资产和二者的联合价值相关性，发现每股收益的价值相关性逐年增强，并在 1996 年达到最大，1997 年有所下降，二者联合的价值相关性也有同样的现象，但每股净资产与股价基本不相关。王跃堂、孙铮、陈世敏（2001）采用事项研究法和关联研究法对我国 A 股 1997~1998 年的 1548 个公司/年观测值样本进行了研究。他们比较了这两年中自愿执行三项减值政策公司的会计信息与未执行三项减值政策公司在价值相关性方面的差异，结果发现：无论是会计盈余还是净资产对投资报酬和股价都有显著的解释力，因此会计信息对于证券市场的投资者是有用的；在关联研究中，根据价格模型证实，三项减值政策的执行并没有改善会计信息的价值相关性；根据报酬模型证实，三项减值政策的执行降低了每股收益的价值相关性，提高了每股净资产的价值相关性；在事项研究法研究中证实，从统计意义上讲，未发现自愿执行三大减值准备政策具有信息含量。他们认为，自愿执行减值政策的上市公司的会计盈余的价值相关性没有提高的原因可能有两个方面：其一是我国证券市场效率不高，资本市场没有对会计盈余信息质量的改进做出反应；其二是执行机制缺乏效率，会计改革的政策没有严格得到执行，致使会计盈余的信息质量没有得到相应的提高。

Charles J.P. Chen、Shimin Chen 和 Xijia Su（2001）运用价格模型和收益模型对我国 A 股 1991~1998 年 2976 个公司/年观测值样本的会计信息价值相关性及影响因素进行较为全面的研究。首先，他们运用报酬模型和价格模型分别对会计盈余和净资产进行分年度回归，结果发现，在报酬模型回归中，各年盈余的回归系数在 0.01（双尾检验）水平上均显著，R^2adj 在 1996 年达到最大（0.240）；在价格模型回归中，各年盈余的回归系数在 0.01（双尾检验）水平上均显著，各年净资产的回归系数均在 [0.05　0.1]（双尾检验）水平上显著，R^2adj 在 1996 年达到最大（0.609），从而证明了我国利润表和资产负债表提供的会计信息的相关性和投资决策有用性。接着，他们运用设置虚拟变量的计量经济学方法，对影响我国会计信息价值相关性的因素进行了总体混合回归分析。他们发现，只有当上市公司的盈余大于零时，其盈余数字才具有价值相关性，而亏损的上市公司的盈余数字不具有价值相关性，这与成熟资本市场的研究结论一致，但亏损企业净资产的价值相关性不显著，这与成熟资本市场有所不同。根据报酬模型的回归结果，小企业盈余的价值相关性较大企业高，根据价格模型的研究结果，小企业每股净值的价值相关性较大企业高，而大企业的盈余价值相关性较小企业高。由于报酬模型反映的是变动的信息而价格模型反映的是积累的信息，因此以上从两个模型中得出的似乎矛盾的结论正说明了资本市场对小企业的盈余变动事项作出了较大企业更强烈的反应。他们还发现，流通股比例较大的企业的会计信息价值相关性较流通股比例较小的企业大,从而证明了股票的流动性对会计信息价值相关性也有影响。总之,Charles J.P. Chen(2001)等的研究证明了我国新兴资本市场具有一定的成熟性。赵春光(2003)运用报酬模型和价格模型对我国 1995~2001 年的会计价值相关性的变迁进行了研究,同样发现我国会计信息价值相关性经历了一个先上升后下降的过程,他认为我国 2000 年出台的《企业会计制度》中没有明确会计信息的使用者使会计改革的方向变得模糊,这是导致会计信息价值相关性下降的原因之一。因此建议应建立以投资者为出发点、价值相关性为目标的会计准则。

成熟资本市场的大量研究表明,企业的账面价值和盈余在企业处于不同状态下和股价的价值相关性完全不同(Barth、Beaver、Landsman,1998;Collins、Pincus、xie,1999),当企业的盈余为正时,股价与盈余的相关性较大,当企业的盈余为负而处于困境时,其股价与账面值及变现价值的相关性高,权益价值主要由其账面价值和变现价值决定。我国困境企业的价值相关性又怎样?王震、刘力(2003)对我国 1998~2000 年间被实施过 ST 的 80 家困境公司的价值相关性进行了研究,他们运用价格模型回归发现,我国陷入困境的上市公司的盈余与净资产与股价回归系数均不显著,且 R^2adj 为负值(-0.013)。股价与困境企业的盈余和变现价值的回归系数同样不显著,这与成熟资本市场有较大差异。他们认为,其不同的原因可能在于我国上市公司尚未建立破产机制和退出机制,由于没有破产清算的压力,因此困境企业的股价更多地受非会计信息因素的影响。

我国上市公司从 1998 年开始披露现金流量表,现金流量表是否向投资者传递有用的决策信息?每股经营现金净流入是否具有价值相关性?刘旻(2001)首先运用事项研究法对沪市 1997~1999 年的 314 个样本进行了总体混合检验和分年度检验(由于 1997 年我国尚未披露现金流量表，故1997年的现金流量表是笔者经过间接调整法得到的），结果发现经营活动现金流量能向投资者传递增量信息，且其信息含量有逐年增大的趋势。陆静（2002）等运用价格模型对1998~2000年三个年度的253家样本企业的研究表明，每股经营现金流量的增量解释力度R^2adj除1999年为正数（0.003）外，其他年份（1998，2000）均为负值，因此他们认为经营现金流量不具增量价值相关性。赵春光（2004）运用报酬模型对沪深两市1999~2002年3487个公司/年观测值进行总体混合检验和分年度检验以及加大窗口长度的两年的窗口检验，结果发现，经营活动现金流量（CFO）和净现金流量（NCF）均具有价值相关性，加大考察时间的窗口可以增加现金流量和会计盈余的价值相关性，从长窗口看2001年之后经营现金流量具有增量的价值相关性。同时，在混合检验中，通过运用Vuong检验比较净利润、营业利润、经营活动现金流量和净现金流量的价值相关性，结果发现，他们之间的相关性由从高到低的顺序排列。赵春光的研究结果有力地证明了我国现金流量表提高了我国会计信息的价值相关性，同时也说明了会计准则从颁布到发挥作用要经历一个过渡阶段。

1.2.3 A、B股价值相关性比较研究

1990年和1991年我国上海和深圳交易所先后建立并准许发行A股，1992年起，我国又准许企业发行B股，A股和B股可同时在沪深两市挂牌交易，同一企业可同时发行A股和B股并且同股同利。B股在2001年前仅允许境外投资者购买和交易且以美元或港元计价。按照规定，A股发行企业必须提供按照国内会计准则编制并经过国内会计师事务所审计的财务报告，B股发行企业则必须向境外投资者提供按照国际会计准则编制并经国际会计师事务所审计的财务报告，同时发

行A、B股的企业则必须同时提供两种报告。对于同时发行A、B股的企业而言，由于不同会计准则的差异，同一企业按不同会计准则计算出的每股收益和每股净值会有所不同，加之我国资本市场的分割性，同股同利的同一企业在A、B股市场上却有不同的价格。我国证券市场独有的特色为海内外研究者提供了比较国际会计准则和地方会计准则价值相关性优劣的良好研究环境，国内外学者在此方面取得了一系列研究成果。

（1）国外及港台学者的研究。Bao和Chow（1999）运用Davidson-Mackinnon J-检验法对我国会计准则和国际会计准则B股市场的价值相关性进行了研究，他们发现，对于境外投资者而言，按照国际会计准则报告的每股净值和每股收益较国内会计准则具有较大的信息含量。Heibatollah和Haiyan Zhou（2004）对我国1994~2000年同时发行A、B股的企业在A、B股市场的股价及其对应的国内会计准则和国际会计准则所提供的不同会计信息的价值相关性进行了全面的研究。他们首先取得沪深两市同时发行A、B股企业的共401个公司/年观测值，然后运用价格模型，分别对同一企业在A、B股市场的不同股价与其对应的国内会计准则和国际会计准则提供的不同每股收益和每股净资产数字进行回归检验。在Pearson相关系数的分年度检验中，他们发现，无论净资产还是每股收益，B股股价与其对应的按国际会计准则所提供的会计信息的每年的横截面相关系数均高于A股股价与其对应的按国内会计准则所提供的会计信息的相关系数，这初步证明了国际会计准则的价值相关性高于国内会计准则的价值相关性。在总体混合回归检验中，他们通过GLS的方法消除异方差的影响之后，发现B股的每股收益和每股净值的回归系数的t检验值和调整后的R^2均大于A股，为检验此二值差异的显著性，他们运用Christie（1990）的Z检验以判定二者t值差异的显著性，运用Cramer（1987）检验以确定二者R^2差异的显著性，结果发现，每股收益 t 值的差异在尾概率 p < 0.01 时显著，R^2 的差异也通过了 Cramer 检验。混合样本检验的结果有力地证明了国际会计准则的价值相关性高于国内会计准则的价值相关性。在分年度检验中，他们发现，我国 A 股的价值相关性经历了一个先上升后下降的过程，1996 年达到最大，这与以上其他学者（陆宇峰，2000；Chen，2001；赵春光，2003）对所有 A 股的研究结论一致，但 B 股的价值相关性除 2000 年较小外（R^2adj 为 0.199），其他年份一直处于稳定状态（R^2adj 为 0.4 左右），2000 年 B 股价值相关性较小的原因在于 2001 年 2 月 19 日中国证券监督管理委员（以下简称证监会）会允许境内居民以合法持有的外币交易 B 股，从而 B 股投机盛行，使投资者注重短期收益而忽略长期投资价值，最终引起 B 股价值相关性下降；他们还发现，B 股每股收益每年回归系数的 t 值均在 0.1 水平上显著，而 A 股只有 1996 年的显著，Cramer（1987）检验显示，除 1996 年外，其他年份 B 股的 R^2adj 均显著高于 A 股的 R^2adj。总之，分年度检验同样证明，B 股的价值相关性高于 A 股。Abdel-Khalik、A.R. Wong、K.a.、Wu A.（1999）运用事项研究法对 1994~1995 年我国 A、B 股对盈余信息的反应进行了检验，他们发现 A 股的反应系数较 B 股高。

（2）大陆学者的研究。潘琰、陈凌云、林丽花（2003）首先运用事项研究法和关联研究法对 2001 年的我国同时发行 A、B 股的上市公司进行了研究。在事项研究法研究中他们发现，沪市 A 股的盈余反应系数显著而 B 股不显著，从而初步证明了我国会计准则盈余数字的信息含量高于国际会计准则的信息含量。在运用关联研究法进行研究后，他们运用报酬模型发现，沪市 A 股盈余变动回归系数显著而 B 股不显著，从而进一步证明了事项研究法的结论；他们运用价格模型回归的结果是，沪市 B 股 R^2adj（0.254）高于 A 股（0.06），深市 B 股 R^2adj

(0.391) 同样高于 A 股 (0.219)，实际上证明了 2001 年按国际会计准则提供的综合会计信息的价值相关性高于按国内会计准则提供的会计信息，但笔者未做深入检验和分析。李晓强 (2004) 对我国 A、B 股 2000~2002 年的数据进行了进一步的研究，遗憾的是他没有进行分年度检验和沪深整体检验而仅进行了整体样本的沪深分开检验，在报酬模型中，他通过 Vuong 检验发现在深市 A 股市场，来自我国会计准则的盈余信息的解释能力显著强于来自国际会计准则的盈余信息。王建新 (2005) 从盈余质量角度进行了实证研究，结果表明，A、B 股上市公司分别在中国会计准则与国际会计准则下的盈余质量不存在显著性差异，说明在我国目前的现实环境条件下完全采用国际报告准则不能显著地提高会计盈余质量。

但万继峰、李静的研究所得的结论正好与潘琰等、李晓强等的结论相反。万继峰、李静 (2005) 以 2001~2003 年我国 A、B 股上市公司为样本，运用报酬模型和价格模型的研究方法，在加入企业规模和时间因素二控制变量后，发现国际会计准则的会计信息的价值相关性总体上显著高于我国会计准则下的会计信息的价值相关性，这就为我国的会计准则国际协调进程以国际会计准则为导向提供了实证支持。此外，姜国华等 (2006) 从 A、B 股上市公司两种会计准则盈余差异对未来投资超额回报角度进行了研究，结果发现，按照国际会计准则应计盈余构建的套利组合能获取 20%的超额回报，而同时利用国际会计准则应计盈余和境内外盈余差异构建的投资组合则可获取 30%以上的超额投资回报，因此其实证结论支持我国正在进行的会计准则国际化。陆静 (2007) 运用信息观的研究方法对我国 H 股和 A 股分别对应的国际会计准则和国内会计准则的信息含量进行了研究，结果发现，H 股市场对应的国际会计准则的会计信息与股价之间相关性较强，H 股市场效率高于 A 股市场。

1.2.4 国内外研究现状分析

综上所述,国内外学者对我国会计信息的价值相关性的研究已经比较全面,并取得了一系列研究成果,但现有的针对我国会计信息价值相关性的研究存在以下不足:

(1)在现有的国内外学者对我国会计信息价值相关性的变迁和影响因素的研究中,Charles J.P. Chen(2001)等的研究证明了我国新兴资本市场具有一定的成熟性,但 Chen 等的研究不仅时间跨度较短、样本量小,而且对影响因素的分析不够全面。赵春光(2003)运用报酬模型和价格模型对我国 1995~2001 年的会计价值相关性的变迁进行了研究,同样发现我国会计信息价值相关性经历了一个先上升后下降的过程,但他并未对影响会计信息价值相关性的因素进行实证分析。

(2)在现有的境内外学者对主营业务利润和非主营业务利润对我国会计价值相关性影响的研究中我们可以看出,现有的国内学者对我国对主营业务利润和非主营业务利润对价值相关性影响的研究不仅样本量小,而且时间跨度较短,而 Shimin Chen 和 Yuetang Wang(2004)的研究虽然更进一步,但他们未能对其时间序列特征进行分析。

(3)在盈余组成的价值相关性研究中,尚未有学者对我国上市公司盈余组成的经营现金流量与应计项目的不同可持续性与价值相关性进行研究,也没有学者利用 Ohlson 模型的非线性形式对我国会计信息的价值相关性进行研究。

(4)国内外学者对我国的会计信息价值相关性研究中,其研究方法大多运用价格模型,也就是运用 Ohlson 模型的线性形式进行研究,尚未发现有学者运用 Ohlson 模型的非线性形式对我国会计信息的价值相关性进行比较研究。

（5）对我国盈余可持续性的研究较少。此外，在以上针对我国会计信息价值相关性尚未涉及的研究中，还存在以下问题：

第一，国外学者对经营现金流量与应计项目不同可持续性的研究主要针对成熟资本市场，成熟资本市场具有效率高、股票价格波动小等特点，我国资本市场作为新兴的资本市场，其市场效率以及股票价格的变动与成熟资本市场有很大的不同，因此对成熟资本市场应计项目的分类未必适合我国的国情。

第二，国外在 Ohlson 模型的价值相关性与其他模型价值相关性的比较方面，一般以股票价格作为评判标准。但是，由于我国资本市场的不成熟性，以股票价格为标准与我国国情不相适应。本书除针对境内外学者对我国会计信息价值相关性的研究不足之处进行改进外，还借鉴国外学者的研究成果，结合我国资本市场的现实状况，运用 Ohlson 模型的线性形式对我国经营现金流量与应计项目不同可持续性和价值相关性进行研究。此外，本书还运用 Ohlson 模型的非线性形式，对 Ohlson 模型的价值相关性与其他模型价值相关性进行比较研究，并运用 Ohlson 模型的非线性形式，对国内会计准则和国际会计准则的价值相关性进行比较研究。

1.3 研究内容和研究方法

1.3.1 研究内容

本书共分 12 章，具体研究内容如下：

（1）绪论。会计信息价值相关性的研究目的在于满足会计准则制定者和会计信息披露、监管的需求以及投资者投资分析、资本市场有效性检验的需求。笔者将我国会计信息价值相关性的研究内容划分为会计信息含量的研究、综合会计信息价值相关性的研究和 A、B 股价值相关性的比较研究三类，在阐述国内外我国会计信息价值相关性研究的基础上，构建了本书的基本框架并指出了本书各部分的内在逻辑联系。

（2）我国资本市场与会计改革的发展历程。为了结合我国由计划经济向市场经济转变过程中的固有特征以及我国会计改革发展的历程，为本书后面各章节的理论分析、实证检验、政策建议打下研究背景基础，本书第 2 章对我国资本市场的特点和我国会计改革的进程进行了介绍和分析。

（3）会计目标、估价模型与价值相关性。为适应现代企业制度和资本市场发展的需要，会计目标逐步从早期的满足企业内部需要发展到现在的满足企业外部投资者和债权人的需要。从投资者的利益出发，提供能够评估企业的内在投资价值的会计信息当然最符合投资者的利益。但是，由于会计目标还要兼顾债权人、企业经营者、政府税务机关等各方面的会计信息需要，这就使会计的目标不能完全从投资者的角度出发提供唯一能够满足投资者需要的会计信息,因此,研究会计信息价值相关性时必须考虑非估值因素的影响。会计信息价值相关性的理论基础源于直接估价理论和间接估价理论,常见的间接估价模型主要有股利贴现模型、自由现金流量贴现模型、MM 会计永久盈余贴现模型、资产负债表模型和 Ohlson 模型。

(4) Ohlson 模型的演变及其发展。在第 3 章会计目标、估价模型与价值相关性的理论分析基础上,笔者在该部分对 Ohlson 模型的演变、推导过程及其优缺点进行了详细的介绍,并将该模型划分为 Ohlson 模型的非线性形式和线性形式两种。本章的理论分析为第 5~11 章运用 Ohlson 模型进行会计信息价值相关性和盈余可持续性研究奠定了基础。

(5) 每股收益、每股净值与价值相关性。运用第 4 章理论分析中提到的 Olhson 模型的线性形式,本部分首先对更长时间跨度的我国上市公司每股收益、每股净值会计信息价值相关性的变迁进行分析,然后从企业税后利润正负、盈余质量、主营业务利润的比例大小、企业盈余增长潜力、企业规模、无形资产密集程度六个角度对影响我国会计信息价值相关性的因素进行了研究。

(6) 主营业务利润、非主营业务利润与价值相关性。第 5 章的研究发现,我国上市公司主营业务利润和非主营业务利润对会计信息价值相关性的影响与成熟资本市场有较大差异,本部分在第 5 章研究的基础上,对主营业务利润、非主营业务利润对价值相关性的影响进行了进一步深入的研究。研究发现,我国上市公司主营业务利润的可持续性和预测能力均高于非主营业务利润,但 2001 年前我国资本市场不能识别这两种不同性质的利润并进行了错误的定价,2001 年起我国资本市场对这种错误的定价模式进行了纠正。笔者在该部分对造成这种状况的原因进行了深入分析。

(7) 经营现金流量、应计项目与价值相关性。企业的税前利润总额包括主营业务利润和非主营业务利润两部分，而主营业务利润又由应计项目和经营现金流量组成。本书第 6 章对主营业务利润和非主营业务利润的价值相关性进行了研究，本部分在第 6 章的研究基础上，对主营业务利润不同组成的价值相关性进行了进一步研究。由于以往国内外学者对盈余研究多以 Healy（1985）的应计项目模型对应计项目进行计算，具有很大的片面性，本章借鉴国外最新的研究成果，结合我国的现实状况，运用 Richardson 对应计项目的推导结果，运用 Ohlson 模型的线性形式对我国的上市公司的盈余不同组成的可持续性和价值相关性进行了实证研究。

（8）Ohlson 模型与其他模型价值相关性的比较。在本书第 5~7 章运用 Ohlson 模型的线性形式对当期我国会计信息的每股净资产和盈余不同组成的价值相关性研究的基础上，本部分运用 Ohlson 模型的非线性形式对我国上市公司的 Ohlson 模型的价值相关性与其他模型价值相关性进行了比较。然而，由于国外资本市场比较成熟，其股票价格基本上能够反映其内在价值，而我国资本市场正如第 2 章所分析的和以上各章的实证研究结果所表明的那样，其股票价格不能反映其内在价值，因此，单纯依靠股票价格进行价值相关性进行比较可能得出错误的结论。为了弥补我国资本市场有效性差这一缺陷，本章假定我国资本市场一年比一年有效，以 2004 年 12 月 31 日的股票价格为内在价值，将每年收到的股利逐年以年税后储蓄存款利率进行贴现，然后再加上 2004 年 12 月 31 日股票价格的贴现值，从而计算出 1997~2002 年每年股票的内在投资价值。接着，本章运用 Penman 和 Sougiannis（1998）的研究方法，假定能够 100%准确地预测未来的财务信息，即通过事实上已经存在的财务数据，运用股利贴现模型、自由现金流量贴现模型、Ohlson 模型对 1997~2002 年的股票在不同预测期间的预测值进行计算，并将其与对应的股票价格及内在价值的不同价值相关性进行比较。

（9）国内会计准则、国际会计准则与价值相关性。本部分在第 8 章的 Ohlson 非线性模型有用性研究的基础上，针对现有的关于我国会计准则和国际会计准则比较研究的不足，以 2003~2006 年我国既发行 A 股又发行 H 股的 28 家企业为研究样本，分别以 A 股股票价格和 H 股股票价格为评价标准，从多种角度对我国会计准则和国际会计准则的有用性进行了比较研究。结果发现：总体而言，无论是以 A 股股票价格为评价标准还是以 H 股股票价格为评价标准，国际会计准则的有用性均较国内会计准则强。因此，本书的实证研究结果显示了我国会计准则有必要进一步借鉴国际会计准则、以满足投资者需要为首要目标。同时，对于投资者而言，投资者进行投资决策时，更应注意依据国际会计准则对未来的净利润和净资产进行准确的预测。

（10）Ohlson 模型、固定股利支付比率与盈余可持续性。本部分针对 Kormendi 和 Lipe 盈余可持续性指标模型的不足，借助 Ohlson 模型中股票内在价值与会计信息之间准确的数学逻辑关系，假定企业仅把企业盈余按一定的比率支付给股东，在借鉴 Kormendi 和 Lipe 盈余可持续模型的基础上，推出了具有严密逻辑关系的新的更符合现实条件的盈余可持续性指标。我国上市公司的实证检验表明，本部分构建的盈余可持续性指标具有更强的解释力。

（11）Ohlson 模型、盈余可持续性与影响因素。本部分运用 Ohlson 模型研究了影响我国上市公司盈余可持续性的因素。在运用 Ohlson 模型计算了不同企业不同年份终端隐含价值的基础上，对影响终端隐含价值的因素进行了分析，发现企业预测期盈利能力、行业市场占有率、负债/资产比率、固定成本结构对终端隐含价值有显著正的影响，证明了代理理论适合我国国情，企业负债有利于企业盈利的长期可持续性；而企业规模、投资规模对终端隐含价值有显著负的影响，说明我国上市公司资金的使用效率有待提高。

（12）研究结论和政策建议。本部分在第 5~11 章实证研究结论的基础上，对本书进行了综合概括并针对我国资本市场效率较低和会计信息所特有的价值相关性特征，运用规范的研究方法，提出了提高我国资本市场有效性和会计信息价值相关性的若干具体政策建议。最后，提出了继续研究的具体设想。

1.3.2 研究方法

本书的研究采用实证研究和规范研究相结合，以实证研究为主的方法。本书的研究大致遵循这样的程序：提出研究假设、收集资料、整理资料、分析资料、对研究假设进行实证检验和分析、根据科学的理论依据提出合理的政策建议。

1.4 本书的结构

本书的研究结构分为理论分析、实证检验和政策建议三个部分，其基本研究框架和各章节的内在联系如图 1-1 所示。

由图 1-1 可以看出，本书的基本研究框架沿着从理论分析到实证检验再到政策建议的技术路线。本书的第 2 章介绍了与本研究相关的背景资料，对我国资本市场的特征和我国会计改革的发展历程进行了分析。我国资本市场具有股票价格波动大、上市公司质量差、股权分置、资本市场效率不高等有别于成熟资本市场的特征，而我国的会计制度和会计准则的改革也逐步向国际惯例靠拢。

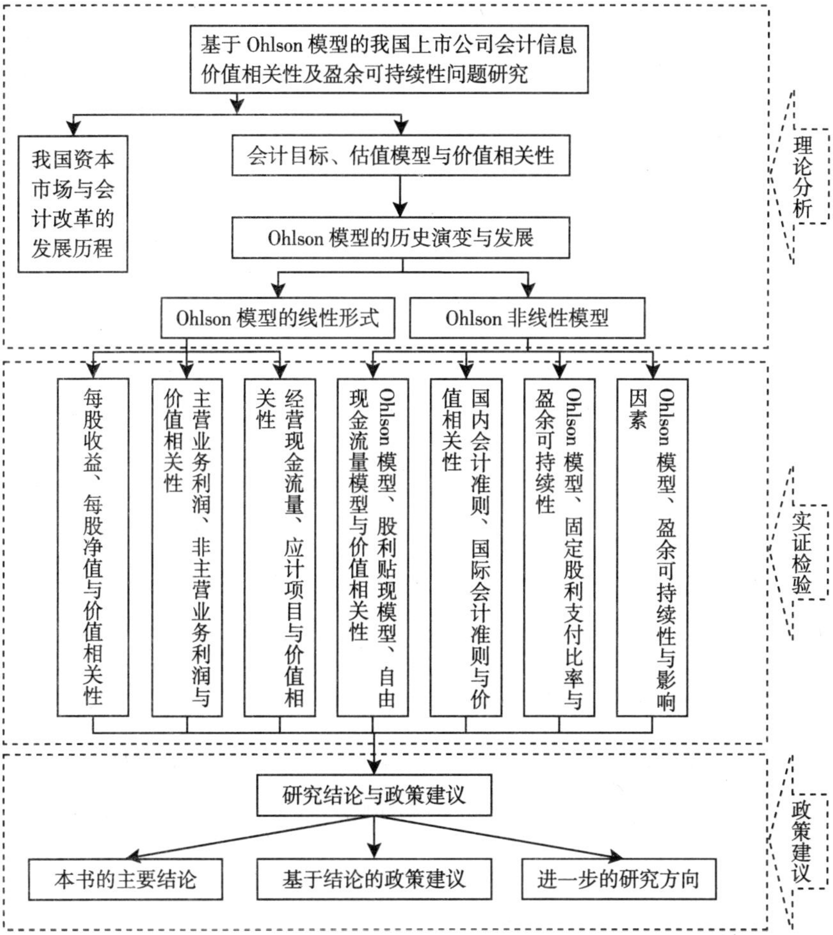

1 绪 论

图 1-1 基于 Ohlson 模型我国上市公司会计信息价值相关性及盈余可持续性研究的基本框架

本书的第 3 章和第 4 章对会计信息价值相关性的基本理论进行了分析。第 3 章分析了会计目标与会计信息价值相关性的关系。该章从会计目标的历史演变角度，分析了财务会计目标如何演变成为今天的以满足投资者需求为主要目标，同时还分析了其他非估值因素对财务目标的影响，接着分析和介绍了与会计信息相关的几种常见估值模型。第 4 章分析和介绍了 Ohlson 模型的演变及推导过程，介绍了 Ohlson 模型的线性和非线性形式，为第 5~11 章运用 Ohlson 模型进行会计信息价值相关性和盈余可持续性的研究奠定了基础。

本书的第 5~11 章是实证检验部分，根据第 1 章提出的 Ohlson 模型的线性和非线性形式进行实证检验，其中第 5~7 章主要运用 Ohlson 模型的线性形式进行实证检验，第 8 章则对 Ohlson 模型的非线性形式进行了实证检验。本书的第 5 章运用 Ohlson 模型的线性形式对我国每股收益、每股净值的价值相关性变迁及影响会计信息价值相关性的因素进行了较为全面的分析，第 6 章在第 5 章的研究基础上运用 Ohlson 模型的线性形式对我国上市公司主营业务利润、非主营业务利润的可持续性以及对价值相关性的影响进行了更进一步的实证分析。第 7 章在第 6 章的基础上运用 Ohlson 模型的线性形式对应计项目的不同组成的价值相关性进行了进一步的实证研究。第 8 章运用 Ohlson 模型的非线性形式对 Ohlson 模型、股利贴现模型、自由现金流量模型的价值相关性进行了比较分析。第 9 章运用 Ohlson 模型的非线性形式对国内会计准则和国际会计准则的价值相关性进行了比较研究。第 10 章构建了固定股利支付比率的盈余可持续性模型。第 11 章对影响我国上市公司盈余可持续性因素进行了分析。

本书的第 12 章为研究结论和政策建议部分，该章在对全文进行了总结和概括的基础上，根据第 2 章对我国资本市场和会计改革的发展历程以及现状的分析和第 5~11 章的实证检验结果提出了提高我国会计信息价值相关性、盈余可持续性以及我国股市有效性的若干措施和政策建议。最后提出了后续研究设想。

1.5 本书的主要贡献和创新

与国内外相关研究相比，本书的主要贡献和创新表现在以下几个方面：

第一，本书通过构建新的考虑到亏损企业的主营业务利润占总利润的指标，运用设置虚拟变量的研究方法，发现从 2002 年起我国资本市场能够识别主营业务利润和非主营业务利润的不同可持续性，并从该年起纠正了错误的定价模式，从而证明了我国资本市场的渐进有效性。

在现有的国内外学者对主营业务利润和非主营业务利润对我国会计价值相关性影响的研究中我们可以看出，现有的国内学者对我国对主营业务利润和非主营业务利润对价值相关性影响的研究不仅样本量小，而且时间跨度较短，而 Shimin Chen 和 Yuetang Wang（2004）的研究虽然更进一步，但他们未能对其时间序列特征进行分析。我国上市公司主营业务利润和非主营业务利润是否具有不同的可持续性？他们的价值相关性的时间序列特征如何？随着我国资本市场的不断发展和相关法律法规的不断完善以及我国投资者的成熟，他们的价值相关性是否向成熟资本市场的方向靠拢？现有的研究中均未涉及这些问题，本书在第 5 章对这些问题进行了研究。

本书发现，我国上市公司无论是对未来 1 年还是对未来 6 年的主营业务利润的可持续性及预测能力均高于非主营业务利润，但我国资本市场在早期不仅不能识别这两种不同性质的利润，反而偏好于非主营业务利润，但自 2002 年起，我国资本市场对这种错误的定价模式进行了纠正，2002~2003年我国上市公司主营业务利润的价值相关性高于非主营业务利润，这不仅标志着我国投资者的投资理念正走向成熟，而且也说明我国资本市场正向有效性较高的成熟资本市场靠拢。

第二，通过对应计项目的重新分类，对我国上市公司不同应计项目的可持续性和价值相关性进行了研究。同时，通过新的股票内在价值的计算方法，对 Ohlson 模型的价值相关性与股利贴现模型、自由现金流量模型的价值相关性进行了比较。目前，国外在 Ohlson 模型的价值相关性与其他模型价值相关性的比较方面，一般以股票价格作为评判标准。但是，由于我国资本市场的不成熟性，以股票价格为标准与我国国情不相适应。为了研究 Ohlson 模型对股票内在价值的解释力，本书假定我国资本市场一年比一年有效，以 2004 年 12 月 31 日的股票价格代表股票的内在价值，将该日的股票价格和以往年度收到的股利进行贴现，计算出了每年不同股票的内在价值，对运用 Ohlson 模型、股利贴现模型、自由现金流量模型计算出的预测价值和其对应的股票内在价值的相关性进行了比较。由于该部分需要计算每一个企业不同年份的内在价值，其计算量十分庞大（大约处理了数十万个甚至数百万个数据），单靠手工计算是无办法完成的，因此该部分的研究主要依靠计算机编程来完成，这同时也构成了本书与众不同的研究特色之一。

本书发现，Ohlson 模型、股利贴现模型、自由现金流量模型对我国股票价格几乎没有解释力，这与成熟资本市场有较大差异，但 Ohlson 模型对股票内在价值具有较强的解释力，且明显高于其他的两个模型，这与成熟资本市场类似，这一方面说明了 Ohlson 模型对计算我国股票内在价值的有用性，另一方面也进一步证明了我国资本市场的效率有待提高。

第三，运用 Ohlson 非线性模型对我国会计准则和国际会计准则的有用性进行比较研究，并分别以 A 股股票价格和 H 股股票价格为评价标准，从多种角度对我国会计准则和国际会计准则的有用性进行了比较研究。

现有的研究一般将 A 股股票价格与国内会计准则相对应、B 股或 H 股与国际会计准则相对应进行回归，故理所当然地假定 B 股或 H 股投资者只对依照国际会计准则产生的会计信息做出反应，而 A 股投资者仅对依照国内会计准则产生的会计信息做出反应，而实际情况是：同时在内地、香港上市的企业在其公布的年报中同时披露两种会计准则所产生的不同会计信息，因此无论是 A 股投资者还是 B 股或 H 股投资者都会得到这两种不同的会计信息，因此他们都会对这两种会计信息做出不同的反应。此外，A 股与 B 股市场可能存在具有不同的效率，而现有的比较研究隐含着这样的假定：A 股市场与 B 股市场的效率相同，因此现有的研究结论不能充分说明问题。针对以上不足，本书运用 Ohlson 模型对两种会计准则产生的会计信息的预测功能进行研究，从而比较两种会计信息的有用性。本书发现：总体而言，无论是以 A 股股票价格为评价标准还是以 H 股股票价格为评价标准，国际会计准则的有用性均较国内会计准则强。

第四，针对 Kormendi 和 Lipe 盈余可持续性指标模型的不足，借助 Ohlson 模型中股票内在价值与会计信息之间准确的数学逻辑关系，假定企业仅把企业盈余按一定的比率支付给股东，在借鉴 Kormendi 和 Lipe 盈余可持续模型的基础上，推出了具有严密逻辑关系的新的更符合现实条件的盈余可持续性指标。我国上市公司的实证检验表明，本书构建的盈余可持续性指标具有更强的解释力。此外，本书还运用 Ohlson 模型研究了影响我国上市公司盈余可持续性的因素。

1.6 本章小结

研究会计信息价值相关性的目的在于满足会计准则制定者和会计信息披露、监管的需求以及投资者投资分析、资本市场有效性检验的需求。笔者将我国会计信息价值相关性的研究内容划分为会计信息含量的研究、综合会计信息价值相关性的研究和 A、B 股价值相关性的比较研究三类。本书的创新点在于对 Ohlson 模型进行了全面的理论阐述,并利用该模型对我国会计信息价值相关性进行了较为全面的研究,提供了我国资本市场渐进有效性的证据以及首次运用我国资本市场的数据对 Ohlson 模型的价值相关性和其他模型的价值相关性进行了比较,同时还运用 Ohlson 非线性模型对国内国际会计准则的有用性进行了比较研究,最后,本书还构建了基于固定股利支付比率的盈余可持续性模型并对其影响因素进行了分析。

2 中国资本市场及会计制度改革的发展历程

本章首先回顾了中国经济体制改革和资本市场的发展历程，对中国资本市场的特点进行了分析，接着回顾了中国会计改革的发展历程，对中国会计改革的进程和现状进行了分析，从而为第 5~11 章的实证研究和第 12 章的政策建议奠定了基础。

2.1 经济体制改革与中国资本市场的发展历程

新中国成立后，中国采用的是苏联式的计划经济发展模式，整个国家相当于一个企业，企业的所有盈利全部上缴，而企业的亏损则由政府全额补贴，企业无经营自主权。由于政府对企业负全责且企业无外部竞争压力，因此大多数国营企业的生产效率不高，竞争力不强。为增强国有企业的活力，从 1978 年开始，中国对国有企业进行了一系列以市场为导向的经济体制改革，逐步扩大国有企业的经营自主权，并实行对外开放的经济政策。虽然早期国有企业的改革取得了显著成就，但随着外资企业的进入和私营企业竞争的加剧，从 20 世纪 80 年代后期，中国不少国有企业的经营面临困境，不少人意识到这可能是代理问题引起的，在这种情况下，国有企业的股权改革被提上议事日程。

股权改革的措施之一就是建立中国的股票市场。虽然现有中国资本市场的历史最早可追溯到1984年上海飞乐电子公司开始发行的中国第一张股票，但资本市场成为国有企业股权改革重要工具的真正标志是1990年和1991年上海和深圳证券交易所的成立。1992年7月，中国证券交易与监督管理委员会成立，自此，中国证券市场以迅猛之势发展起来。截止到2012年10月，在深交所和上交所上市的公司数量已从1990年的10家增加至2012年10月的2493家。由表2-1可以看出，中国仅发行A股的上市公司由1990年的10家增加到2010年的2063家，既发行A股又发行B股的上市公司也逐年增多，由1992年的18家增加到2010年的86家。

表2-1 沪深上市公司数量

年份	沪深合计	上交所	深交所	仅发行A股的公司	发行A、H股的公司	发行A、B股的公司	仅发行B股的公司
1990	10	8	2	10			
1991	14	8	6	14			
1992	53	29	24	53		18	
1993	183	106	77	183	3	34	6
1994	291	171	120	227	6	54	4
1995	323	188	135	242	11	58	12
1996	530	293	237	431	14	69	16
1997	745	383	362	627	17	76	25
1998	851	438	413	727	18	80	26
1999	949	484	465	822	19	82	26
2000	1088	572	516	955	19	86	28
2001	1160	646	514	1025	23	88	24
2002	1224	715	509	1085	28	87	24
2003	1287	780	507	1146	30	87	24
2004	1377	837	540	1236	31	86	24

续表

年份	沪深合计	上交所	深交所	仅发行A股的公司	发行A、H股的公司	发行A、B股的公司	仅发行B股的公司
2005	1381	834	547	1240	32	86	23
2006	1434	842	592	1287	38	86	23
2007	1550	860	690	1389	52	86	23
2008	1325	864	761	1459	57	85	23
2009	1718	870	848	1549	61	85	22
2010	2063	894	1169	1889	65	86	22

资料来源：国家统计局.中国统计年鉴（2011）[M].中国统计出版社，2011（9）：731.

由表2-2可以看出，随着中国上市公司的数量的不断增多，中国上市公司的总市值由1991年末的114亿元增加至2011年末的214758亿元，流通市值由1991年的31亿元增加至2011年末的164921亿元，股票总市值占中国国民生产总值的比例由1991年的0.5%增加至2012年的40.9%。同时我们也看到，由于中国股票价格的波动较大，股票的总市值和流通市值呈现极不稳定的状态，股票总市值占国内生产总值的比例的波动也较大，2007年随着股市的暴涨最高时曾达123%，但其后随着股票价格的巨幅下跌而下降，至2008年达到最低值，为38.6%。

表2-2 中国股票总市值、流通市值（包括沪深两市所有A、B股）以及占国民生产总值比例一览

年份	总市值（亿元）	流通市值（亿元）	国民生产总值（亿元）	总市值占国内生产总值比例
1991	114	31	21662.5	0.005
1992	5186	1309	26651.9	0.195
1993	3531	862	34560.5	0.102
1994	3691	969	46670.0	0.079
1995	3474	938	57494.9	0.060
1996	9842	2867	66850.5	0.147
1997	17529	5204	73142.7	0.240
1998	19506	5746	76967.1	0.253
1999	26471	8214	80579.4	0.329
2000	48091	16088	88228.1	0.545
2001	43522	14463	97314.8	0.447

续表

年份	总市值（亿元）	流通市值（亿元）	国民生产总值（亿元）	总市值占国内生产总值比例
2002	38329	12485	105172.3	0.364
2003	42458	13179	117390.2	0.362
2004	37056	11689	136875.9	0.271
2005	32430	10631	182321.0	0.178
2006	89403	25003	216314.4	0.413
2007	327140	93064	265810.3	1.231
2008	121366	45213	314045.0	0.386
2009	243939	151258	340506.9	0.716
2010	265422	193110	401512.8	0.661
2011	214758	164921	472881.6	0.454
2012年10月	212784	165033	520169.8（按2011年10%增长预计）	0.409

注：2012年10月的市值总额占国民生产总值比例为2012年10月底的中国股市市值总额占2011年全年国民生产总值的比例（由于2012年的国民生产总值尚未报出，为了比较，这里用2011年的数据假定增长10%来模拟2012年的数据）。

资料来源：1991~1992年股票总市值和流通市值根据深圳国泰安数据库系统（CSMAR）计算填列，1993~2004年的数据来自国家统计局《中国统计年鉴》（2000，2005），2005~2012年数据来自国家统计局中国经济景气月报（2006~2012年），总市值占国民生产总值比例是笔者计算的数据。

2.2 中国股市的特征

2.2.1 股权分置

在2005年中国国有股股权分置改革以前，中国在沪深两市上市的股票按照股份性质被划分为国有股、法人股、职工内部股和社会公众股，其中国有股、法人股不能上市流通，仅有社会公众股和内部职工股可上市流通，而社会公众股又被划分为A股和B股，其中A股是中国境内居民公民可以购买的股票，而B股是供境外居民以外币购买的股票。

2.2.2 相当数量的上市公司质量不高

在 2005 年以前，由于中国在资本市场发展的早期采用的是审批制的发行方式，每年上市公司的数量有限，而投资者对股票的需求旺盛，在供给小于需求的状况下，造成了中国早期股票的价格远高于成熟资本市场。在中国股票供给与需求极不对称之时，不少绩差公司趁中国资本市场不够成熟之时混入资本市场，相当数量的上市公司质量不高。在中国资本市场发展的早期，尽管中国投资者对股票投资充满了极大的热情，然而中国真正的优质公司并未在境内上市，而一些国家级的优质公司，如中国石油、中国人寿、中国移动等，往往选择到境外上市。据统计，2005 年，中国海外上市的中石油这样一家公司的利润，就相当于同期中国国内 1300 多家 A 股上市公司的利润的总和，而仅 2004 年全年就有共有 44 家内地企业在香港上市，共筹集资金 1140 亿港元，同期国内的融资总额为 626.7 亿元，香港市场融资额几乎是内地融资额的两倍。一些地方政府出于自身的需要，如为部分国有企业解包困、"卸包袱"等，将一些业绩并不是很好的企业包装上市，如双鹿股份、济南轻骑等，这些公司上市之后为了避免被 ST 或 PT，或者为了达到配股、增发股票以及其他目的，做假成风。有的上市公司出于种种目的，做假账，包装业绩，以所谓"绩优蓝筹股"的形象粉墨登场。多年以来，从银广夏、麦科特、ST 红光、蓝田股份的造假，到 2004 年 5 月，庆丰股份、湘火炬、科大创新等委托理财"地雷"集中引爆，国内 A 股市场成为上市公司丑闻泛滥的旋涡地带。它的"优良"业绩吸引了股评家的注意并得到他们的极力推荐，也吸引了那些喜欢做基本面分析的"理性投资者"的注意，更吸引了那些喜欢跟风买进的投资者,其结果是股票价格远远偏离其内在价值。

2.2.3 庄家大肆操纵股价

2005年前,各种各样的机构投资者利用资金、信息、人员等各方面的优势,吸货、洗盘、拉升、出货,配合上市公司制造各种题材,对股票价格进行操纵,获取暴利。从已被查明的股价操纵案可知,庄股对中小投资者的掠夺可谓触目惊心。1997年3月,新疆德隆收购了新疆屯河投资股份公司等3家上市公司,此后,唐万新等人,操纵"新疆屯河"、"合金投资"、"湘火炬A"股票价格,他们自买自卖,抬高价格,待股价上涨十几倍后抛售,从中获利98.61亿元。此外,中科创业、亿安科技、世纪中天、深南玻四大股价操纵案的庄家分别掠夺了11亿、4.65亿、8亿、2.8亿的利润。而不少散户也逐渐认识到"股不在好,有庄则灵",要"跟庄","与庄共舞",其结果是不少绩差股,因为有庄家入驻,反而成为市场追捧的对象,这样,造成了不少并无投资价值的绩差公司反而成为市场的追捧对象,使股票的价格严重偏离价值,形成股市泡沫。从时间上讲,中国庄股大致可划分为以下三个阶段:第一阶段,1992~1996年。在此期间,由于没有规范和秩序,证券法制和制度不健全,股票发行、投资、交易制度极不规范,少数大机构肆意操纵市场。第二阶段,1996~2001年。这一阶段中国政府通过各项政策干预市场的力度不断加大,出台了涨停制度,减少了恶性透支炒股行为,出台了证券法,从而使证券市场逐渐走向理性。这一时期的庄家操纵市场行为有所收敛。但由于执法力度明显偏弱,更多的庄家成长起来,他们利用对倒、合谋、虚假交易等欺诈手法操纵股市的现象比比皆是。第三阶段,2001年至今,是中国证券市场"庄家"由登峰造极到最终走向没落的阶段。在该阶段,由于中国上市公司不断增多。特别是一些大盘国有蓝筹股的上市,如宝钢股份、中国联通等,由于发行量大,庄股操纵这些股票需要巨额资金投入,因此要操纵这些股票需要付出非常高的代价。2001~2005年股市出现了长达5年之久的熊市,不少证券公司因为操纵股价而陷于破产边缘,它已无力对股市进行操纵。在这一阶段,开放式基金开始出现并快速增长,这些投资机构的投资理念已经发生变化,价值投资理念已被广泛接受。

2.2.4 股票价格波动较大,市盈率、市价净值比偏高

由于中国股市发展的起步较晚,尽管中国用短短的20余年时间,走完了成熟资本市场数百年走过的路程,在硬件建设上与发达国家资本市场相比毫不逊色(甚至交易系统比发达国家都先进),但由于投资者对股票投资的知识缺乏,加之中国对资本市场的监管措施不到位,配套法律法规不完善等原因,造成了中国股票市场投机风气盛行,投资者的非理性行为较为严重,股票价格未能反映其真正的内在价值,资本市场效率较低。表2-3和图2-1是笔者计算出的历年来衡量企业投资价值的指标:市盈率和市净率。

表2-3 沪深两市A股市盈率、市净率、上证综合指数汇总

年份	有效股票个数	上证综合指数	市盈率	市净率	年份	有效股票个数	上证综合指数	市盈率	市净率
1991	7	292.75	248.94	18.84	1999	828	1366.58	51.8	3.94
1992	11	780.39	77.46	11.25	2000	925	2073.48	66.56	5.58
1993	52	833.8	31.99	6.55	2001	1058	1645.97	48.17	3.72
1994	179	647.87	19.67	2.9	2002	1125	1357.65	48.23	2.75
1995	288	555.29	15.44	2.05	2003	1196	1497.04	43.23	2.68
1996	312	917.02	35.21	3.74	2004	1255	1266.5	26.94	2.06
1997	520	1194.1	47.63	4.52	2005	1328	1161.06	17.92	1.64
1998	721	1146.7	38.13	3.69	2006	1298	2675.47	36.16	2.86

续表

年份	有效股票个数	上证综合指数	市盈率	市净率	年份	有效股票个数	上证综合指数	市盈率	市净率
2007	1338	5261.56	66.77	7.06	2010	1700	2808.08	23.78	2.93
2008	1503	1820.81	14.27	2.11	2011	2051	2199.42	13.63	1.94
2009	1563	3277.14	31.83	3.62	21年按年限等权平均			47.80	4.59

注：在这里，上证综合指数当年年末的收盘价指数，由于中国证监会1997年规定的市盈率计算准则将亏损企业不纳入计算范围，这样有可能低估市盈率，本书采用西方通用的计算方法对样本企业的市盈率、市净率进行计算，市盈率 = 当年12月末的总市值/上年总税后利润，市净率 = 当年12月末总市值/上年末总净值，这里总市值表示A股所有企业观测时刻按总股本计算的市值总额，总净值表示上一年12月31日样本企业的净值总额（包括净值为负的企业），由于Csmar系统1990~1994年不少企业缺乏税后利润数据，本书对这几年缺少税后利润的企业根据其他项目对税后利润进行了估算，估算方法为：若有税前利润而无所得税值，笔者按15%税率对税后利润进行估算，若有税前利润和所得税数值，本书对二者相减进行计算，若仅有所得税值，笔者按15%税率倒推算利润。

资料来源：通过笔者对Csmar数据库运用Foxpro软件编程计算所得。其中，利润、净资产数据来自利润表和资产负债表，股票价格来自月交易数据，股本数据来自股本变动文件，上证综合指数来自指数文件。

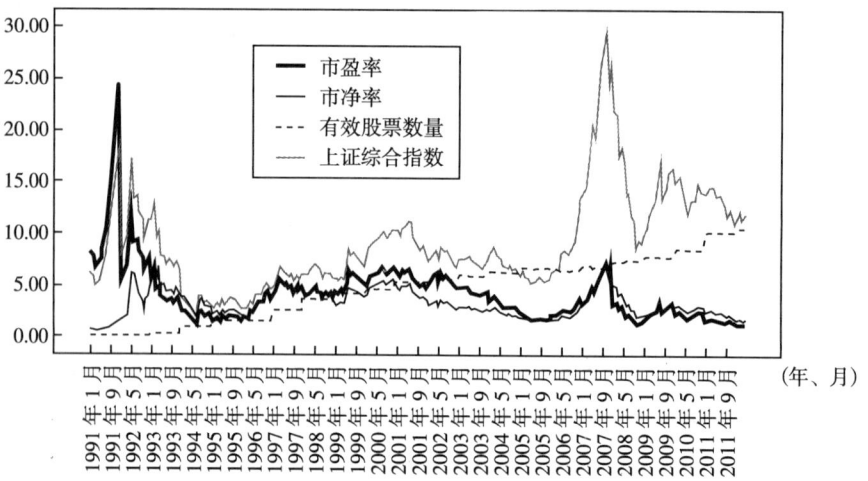

图2-1 沪深两市1991年1月至2012年4月每月月末市盈率、市净率、股票有效数量和上证综合指数

注：横坐标表示年份月份，纵坐标表示每月月末市盈率、市净率、股票有效数量和上证综合指数。为了便于比较，这里的市盈率是原市盈率除以10后的值，市净率是原市净率，沪市A股综合指数是原沪市A股综合指数除以200后的值，有效股票数量是原有效股票数量除以200后的值。市盈率、市净率的计算方法与表2-1的计算方法相同，即当月月末的股票总市值除以上年年末的总资产、总利润。

资料来源：根据Foxpro软件作者编程计算并运用Spss软件绘制。

由表2-3和图2-1可以看出，总体而言，1992~1993年、2000~2001年、2007年中国股市价值被严重高估，特别是1991年，其市盈率、市净率分别高达248.94和18.84倍，1992年，其市盈率和市净率分别高达 77.46 和 11.25 倍，而 2000~2001 年的市净率和市盈率高达 5 倍和 60 倍左右。1991~2011 年的平均市盈率、市净率分别为 47.80 和 4.59 倍（在成熟资本市场中，除日本外，该比率一般分别为 2~4 倍和 10~40 倍），这说明中国证券市场设立的初期，由于股票的供给量较少，股票价格被投机者爆炒，致使其股票价格严重偏离价值。由图 2-1 还可以看出，市盈率、市净率这两条曲线不仅几乎重合，而且其变化方向相一致，还与上证指数的运行轨迹相一致，这说明该两项指标均是衡量股票投资价值的重要指标。

中国股市在发展的早期，也就是 1991~1993 年，由于当时处于发展初期，股票供给相对较少，加上当时中国物价稳定，利率较低，在获取超额收益心理动机的驱使下，形成了投资者对股票投资的巨大需求。股票供给与需求之间的巨大差异造成了二级市场的股票价格奇高，当时的平均市价净值比竟高达 10 多倍，而市盈率也高达 100 多倍。由于当时中国一级市场的股票发行价格较低，发行方式落后，1992 年，当深圳开始发行股票时，竟有 100 多万股民拥入深圳购买股票，随后开始采用抽签表无限量购买的方式发行股票，当年青岛啤酒的每股中签表的购买成本价竟高达 10 余元，足见中国股民对购买股票的热情有多么的高涨！然而，好景不长，从 1994 年开始，中国开始出现通货膨胀现象，银行不断提高储蓄存款利率，并采用以通货膨胀率为标准进行保值储蓄的方式，当时的年存款利率加上通货膨胀率补贴最高时高达 20% 以上（1994 年，中国通货膨胀率达到 21.7%），这就给股票市场以致命打击，股市出现暴跌，到 1994 年跌至最低点（1994 年 7 月沪市综合指数最低点为 325 点）。

1995 年下半，由于中国的通货膨胀现象得到有效控制，中国人民银行突然宣布降低储蓄利率，自此，中国进入了一个银行利率不断降低的阶段，1995~2001 年，中国银行连续进行了 6 次降息。伴随着银行利率的不断降低，中国股市也进入了长达7年的牛市，沪深两市在继1997年香港回归时创出新高之后，在2001年又达到了历史的最高点。2001年6月12日，国务院正式发布《减持国有股募集社会保障资金暂行办法》，正式将国有股减持与筹集社会保障资金联系起来，伴随着中国国有股减持方案的出台，沪市综合指数从2245点开始向下调整，自此，中国股市进入了长达5年的漫长熊市。由于中国股权分置，国有股、法人股不能上市流通，致使中国股市不能健康发展，2005年4月29日，经国务院批准，中国证监会发布了《关于上市公司股权分置改革试点问题的通知》，宣布启动股权分置改革试点工作。自此，中国采用国有股、法人股向流通公众股赠送股票股利和现金股利的方式换取国有股和法人股的上市流通权，有效地解决了中国的股权分置问题。然而，在中国股权分置改革成功进行的同时，股市在2005年也跌至了自2001年以来的最低点，沪市跌至1100点以下。到2006年底，中国绝大部分上市公司已成功地进行了股权分置改革。随着中国股权分置改革的成功进行和越来越多的国有大盘蓝筹股的上市，中国股市也春风回暖，股票价格开始慢慢上涨，到2006年10月底，沪市综合指数成功地站在了1800点以上。

2007年，随着大量国有银行、国有大型企业的上市，如中国工商银行、中国建设银行、中国人寿、中国石油等，加上人们对2008年奥运会在北京召开的良好预期，人们投资欲望的热情被再次点燃，沪深两市的投资热情再次高涨。伴随着大量外资（如QFII等）的涌入，中国股市再次进入了疯狂的牛市，上证指数迅速在1年内被推到了6000点以上，此时市盈率、市净率高达66.77倍和7.06倍，这几乎与1992年的指标相同。然而，好景不长，2008年中国奥运会召开之际股市却出现了暴跌，上证指数2008年的最低点一路跌至1664点，与6000多点相比几乎跌去了80%，这几乎是20世纪30年代发达国家全面经济危机时的跌幅。虽然 2009 年中国股市也出现上涨状况，上证指数一度突破 3000 多点，但 2011~2012 年却让人非常失望，上证指数再度跌至 2000 点以下，该点位比 10 年前的 2001 年的点位还低，意味着股民投资 10 年的回报为负值。

2.3 中国会计改革的发展历程

2.3.1 中国会计制度的改革

改革开放以来，中国会计制度改革经历了 1981 年、1983~1992 年、1992~2001 年、2001~2006 年的多次重大变革阶段，具体如下：

2.3.1.1 1981 年的会计制度改革

中国会计制度曾经在 1958 年开始的"大跃进"和 1966 年开始的"文化大革命"中遭到严重破坏。特别是在"文革"期间，会计制度被当作资产阶级的"管、卡、压"遭到彻底砸烂，会计工作一度瘫痪。直到 1973 年财政部发布、实施了《国营企业会计工作规则（试行草案）》、《国营企业会计科目》、《国营企业会计报表》和《国营工业企业成本核算办法》等，会计制度才开始恢复。改革开放以后的第一个重要的会计制度改革，是财政部 1980 年颁布、1981 年实施的《国营工业企业会计制度——会计科目和会计报表》，这一制度对 1974 年的会计制度进行了较大幅度的改革。

2.3.1.2 1983~1992 年的会计制度改革

自 1949 年新中国成立至 20 世纪 70 年代末，中国实行高度集中统一的计划经济体制。在这种经济体制下，中国的国营企业实行"统一领导，分级管理"的财务会计管理体制，为适应计划经济的需要，中国采用的是从苏联引进的以资金来源与运用为基础的会计制度，该会计制度强调资金来源与运用之间的平衡，并强调专款专用。例如，用于购置固定资产的资金来源不能用于购置存货。显然，这种以资金来源与运用为基础的会计系统有利于中国计划经济管理的需要，而不利于对企业的业绩进行评价。20世纪70年代末，中国开始实行经济体制改革和对外开放政策，经济体制由原来高度集权的计划经济向社会主义市场经济转变。同时，境外资本大量流入中国，外商投资企业和中外合资合作企业不断增多，非国有经济迅速发展。在这种条件下，中国原有的与计划经济体制相适应的会计模式已经越来越难以适应经济发展的需要，构造市场导向型的会计模式被提上议事日程。1983年3月和4月，《中外合资经营企业会计制度（试行草案）》和《中外合资企业会计科目和会计报表（试行草案）》开始颁布施行，该会计制度首次将国际会计准则引入中国。1985年正式发布并实施的《中外合资企业制度》、《中外合资经营工业企业会计科目和会计报表》是一部具有划时代意义的会计制度，该制度第一次明确了国际通行的会计原则，如规定了客观性原则、权责发生制原则、配比性原则、实际成本原则、划分资本性支出与收益原则、一致性原则等，明确了会计记录的借贷记账法；第一次按照资产、负债、资本、成本、损益进行会计科目分类；第一次引进资产负债表、利润表、财务状况变动表在内的西方会计报表体系和格式。可以说，20年前《中外合资经营企业会计制度》是中国会计制度改革的蓝本，它被后来的会计制度改革所借鉴和吸收，这一制度在中国整体上与国际会计惯例协调的会计制度改革中的作用和影响不容低估。

2.3.1.3 1992~2001年的会计制度改革

由于外商投资企业类型不断增加，1992年6月，中国又颁布了适用于所有外商投资企业的《外商投资企业会计制度》，但该会计制度仅适用于中外合资企业，适用面较小。随着中国经济体制改革的进一步深入，以资金来源与运用为基础的会计制度越来越成为中国经济改革的障碍，在这种情况下，1992年6月，中国财政部颁布了《股份制试点企业会计制度》，该会计制度是中国国内企业首次使用的符合国际会计准则的会计制度，在该会计制度中，提出了复式记账、权责发生制、相关性、可靠性、及时性、可比性、一致性等一系列概念和要求，但仅要求试点股份制企业遵照执行，适用面仍然较小。为进一步提高所有企业的财务报告质量，财政部于1992年11月发布了《企业会计准则》，该会计准则于1993年7月1日生效并要求所有企业遵照执行。

1992年发布的《企业会计准则》是新中国成立以来中国发布的第一份会计准则，它是中国自20世纪80年代开始借鉴西方会计准则、研究和制定中国会计准则的标志性成果。该会计准则的实施是新中国成立以来中国会计改革的重要里程碑，它标志着旧的前苏联模式会计制度的终结和新的会计制度的开始。

但是，由于《基本会计准则》仅仅是一个概念性的框架，属于"会计基本准则"，尚不能直接用来指导企业的会计实务处理，为避免企业会计制度的约束范围出现"真空地带"，确保会计工作的正常秩序，财政部以《企业会计准则》为依据，于1992年分别制定了13个分行业的会计制度以规范各单位的会计行为，虽然这些行业会计制度不免带有计划经济体制"条块分割"的色彩，但他们终结了计划经济会计的传统模式，步入了与国际惯例逐步协调的双线轨道。

1992年的会计制度改革的重要内容包括以下几项：

（1）改革了会计等式。即将中国企业会计中应用了30年的"资金占用"="资金来源"会计等式,改为国际通行的"资产=负债+所有者权益"会计等式。

(2)改革了会计报表体系,规定对外报告资产负债表、损益表和财务状况变动表。

(3)明确了会计核算的基本前提和一般原则。

(4)初步采用了国际通行的核算方法。

(5)调整了有关会计科目。

2.3.1.4　2001~2006年的会计制度改革

1992年的会计制度改革仍然是分行业、分所有制模式下的会计制度改革,可以说只是簿记制度在形式方面的改革,真正实现实质性配套改革的是2001年以后的会计制度。2000年12月29日,财政部公布了《企业会计制度》以取代13个行业会计制度和《股份公司会计制度》、《外商企业会计制度》,《企业会计制度》吸收了已经颁布的具体会计准则的内容,中国境内所有企业,包括上市公司、外商投资企业、国有独资企业都必须遵照执行;2001年发布了《金融企业会计制度》,于2002年1月1日起在所有上市的金融企业施行;2004年发布了《小企业会计制度》,于2005年1月1日起在小企业范围内施行。

与1993年的企业会计制度相比,《企业会计制度》虽然没有在会计等式、会计要素、会计报表体系上作出重大变革,但在会计制度完整性、会计要素确认与计量等方面作出了突出贡献。该制度注重资产质量,将资产减值准备的范围扩大,调整了部分会计科目的名称和内容以及会计报表体系和编制方法,扩大了会计政策与会计估计的自主权,实现了中国会计制度史上的一次飞跃式革命。

2.3.2 中国基本和具体会计准则的改革

20世纪90年代后半期,随着中国证券市场的进一步发展,越来越多企业的股票在上海或深圳证券交易所发行并上市交易,会计的实践显示当时的会计制度已经满足不了当时资本市场的需要。"琼民源"通过与关联公司及他人签订未经国家有关部门批准的合作建房、权益转让等无效合同,虚构5.4亿元利润。该事件震惊了资本市场,迫使准则制定机构磨剑以对,遂催生了《关联方关系及其交易的披露》准则的问世。在基本会计准则框架之下,第一部具体会计准则《企业会计准则:关联方交易与关系的披露》于1997年5月颁布施行。为进一步满足资本市场的需要和维护投资者的利益,中国又制定和发布了一系列旨在提高会计信息质量且在内容上与国际会计惯例保持一致的具体会计准则,财政部陆续颁布了16项具体会计准则。2006年2月15日,财政部发布了一项《企业会计准则——基本准则》和38项具体会计准则,基本构建起于中国市场经济相适应同时又充分与国际财务报告准则趋同、涵盖各类企业各项经济业务、独立实施的会计准则体系。具体见表2-4:

表2-4 中国企业会计准则发布时间和生效时间

序号	具体会计准则	发布时间	生效日期
1	基本准则	1992-11-30	1993年1月1日
2	关联方关系及其交易与披露	1997-05-22	1997年1月1日
3	现金流量表	1998-03-20	1998年1月1日
4	资产负债表日后事项	1998-05-12	1998年1月1日
5	债务重组	1998-06-12	1999年1月1日
6	收入	1998-06-20	1999年1月1日
7	投资	1998-06-24	1999年1月1日
8	建造合同	1998-06-25	1999年1月1日
9	会计政策、会计估计变更与会计差错更正	1998-06-25	1999年1月1日

续表

序号	具体会计准则	发布时间	生效日期
10	非货币交易	1999-06-28	2000年1月1日
11	或有事项	2000-04-27	2000年1月1日
12	无形资产	2001-01-18	2001年1月1日
13	借款费用	2001-01-18	2001年1月1日
14	租赁	2001-01-18	2001年1月1日
15	中期财务报告	2001-11-02	2002年1月1日
16	固定资产	2001-11-09	2002年1月1日
17	存货	2001-11-09	2002年1月1日
18	1项基本准则和38项具体准则	2006-02-15	2006年1月1日

2.4 本章小结

中国资本市场是在改革开放的背景下建立起来的，尽管中国资本市场在十余年的时间里取得了惊人的发展，但由于刚刚组建资本市场时抱有为国营企业解困的目的，因此，不少绩差企业趁机混入资本市场，再加上中国配套法律法规不完善等原因，造成了中国股市具有股权分置、相当数量的上市公司业绩差、庄股操纵股市和股票价格偏离投资价值、股票价格波动较大等特点。为适应资本市场发展的需要，中国的会计制度和会计准则进行了一系列的改革，取得了举世瞩目的成就，特别是2006年2月15日，中国发布了1项基本会计准则和38项具体会计准则，最新的基本会计准则将满足投资者的需要视为会计的第一目标，中国的会计准则现在已经和国际惯例完全接轨了。

3 会计目标、估价模型与价值相关性

本章首先回顾了西方会计目标的历史演变过程以及我国会计目标由适应计划经济需要到适应资本市场需要的转变过程,接着分析了非估值因素对会计目标的影响,最后介绍了基于会计信息的估价模型,从而为运用 Ohlson 模型进行价值相关性研究打下了理论基础。

3.1 会计目标的历史演变

3.1.1 西方会计目标的历史演变

以 1494 年意大利数学家卢卡·巴其阿勒所著《算术、几何与比例概要》为标志的复式记账近代会计出现后,在 18 世纪工业革命出现之前的数百年时间里,由于企业的规模较小,组织形式简单(一般为独资或合伙企业),企业之间也较少发生信用关系,企业外部对企业的信息需求也较少,因此,在 18 世纪之前的会计目标是向内提供会计信息，满足企业的内部需要。

自18世纪开始，随着工业革命的出现，企业的规模变得越来越大，其组织形式也变得日益复杂起来。尽管股份公司最早发源于15世纪意大利的"康美达"，但却盛行于18世纪工业革命后的英国，到20世纪这种组织形式几乎风靡全球，尤其是美国。股份公司的基本特征就是其资产的所有权和经营权分离，此时投资者或所有者虽然不直接参加经营管理，但为了自身的利益必然要了解企业的经营状况。与此同时，伴随着钢铁、铁路等大工业的出现，固定资产在企业的运营中显得越来越重要，在这种情况下，人们开始考虑折旧这一概念；当股份公司向股东支付股利时，人们又不得不考虑股本与盈余公资金的区别；随着所得税法的出现，人们又不得不考虑哪些项目应加入利润中。总之，在1930年前，由于公认的会计准则尚未出现，会计被认为是一项艺术，怎样处理账务和呈报会计信息是会计师自己的"艺术"，会计人员往往依靠自己的判断来在特定的情况下进行自己的会计实践。例如，当时很多企业没有披露自己的销售收入和折旧费用等财务状况。

1929~1933年，出现了世界性的股市大崩溃，股票价格出现前所未有的暴跌，跌幅高达90%。此时，财务报告的混乱受到会计界内部和外部的一致批评，人们意识到1880~1929年会计信息披露的混乱性是造成1929年股市大崩溃的原因之一。1930年，美国会计师协会（AIA，1957年改为美国注册会计师协会，简称AICPA）成立专门机构，为了投资者、证交所、会计师的共同利益而与纽约证交所协同努力，共同解决会计问题并处理会计程序和方法。自此，财务会计的目标由过去侧重于向企业内部提供信息而转向侧重于满足外部投资者和股东的信息需求。

1929~1933年的股市大崩溃还催生了美国1933年和1934年证券法和证券交易法的出台，并于1936年成立了证券交易委员会（SEC），

3 会计目标、估价模型与价值相关性

主管全国上市公司的注册、登记和信息披露,要求所有上市公司必须提供统一的会计信息,并负责制定统一的会计准则。美国会计师协会和纽约证券交易所开始着手共同解决上市公司财务报表问题,进行可操作性会计准则的制定,从1938年到1958年,共颁布了51项研究公告,在SEC的支持下,这些会计准则成为美国当时唯一公认的会计准则。第二次世界大战后,美国证券市场得到空前的发展,为适应证券市场发展得的需要,1959年AICPA成立会计原则委员会(APB)。随着证券市场深入到美国社会经济生活的各个方面,相关利益团体要求参加到会计准则的制定中来的呼声越来越高,会计准则的独立性、客观性更加受到重视,会计准则演变成了一项公共事业。为此,AICPA在1972年成立了财务会计准则委员会(FASB)。自1973年到2001年7月,FASB共颁布了143号财务会计准则公告和7个财务会计概念公告。

20世纪70年代后,特别是到了20世纪90年代,资本市场全球化的进程日益加快。跨国融资与投资在世界经济中所占的比重越来越大。资金的国际流动使相关国家认识到对世界各国会计规范进行协调的必要性和迫切性,希望采用一套普遍适用的国际会计准则,降低全球投融资的成本,提高决策的有效性,促进资本市场的良性竞争。在这种背景下,国际会计准则委员会(IASC)于1973年成立。国际会计准则以资本市场和金融市场为导向,突出了财务信息以满足投资者和债权人需要的首要目的,在今天已经成为许多国家会计准则的基准。

1973年7月美国财务会计准则委员会(FASB)成立,标志着会计准则成熟期的到来。FASB发布的财务会计概念性公告(SFAC)第5号对投资者、债权人进行决策所需用的信息分类见图3-1所示。

由图3-1可以看出,基本财务信息不仅包括财务报表(包括资产负债表、利润及分配表、现金流量表三大报表),而且包括财务报表的

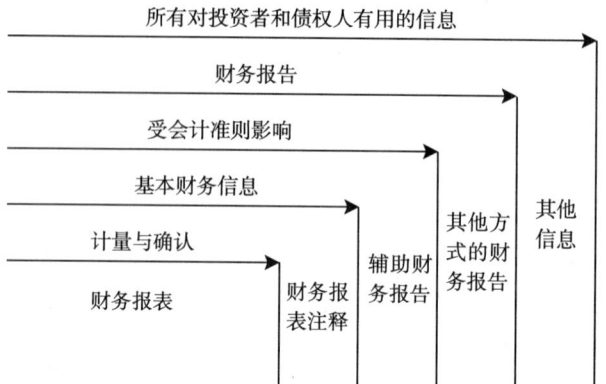

图 3-1 投资者与债权人与其他信息使用者所需的信息分类

注释,其中财务报表是财务信息的核心内容。财务报表注释包括会计政策、或有事项、存货计价方法等内容,它是对财务报表的进一步解释。辅助财务报告包括物价变动对财务报告影响的披露、石油与天然气储存量信息的披露等内容,它是对财务信息的进一步说明。其他方式的财务报告主要是指对一些特定的信息使用者所提供的特别报告。例如,诸如银行之类的借款人在提供借款前常常要求额外的财务信息。不受会计准则影响的其他信息包括企业的竞争状况、分析师的预测、经济状况等内容。

按照美国 FASB 发布的财务会计概念性公告(SFAC)第 1 号对财务会计目标的定义,财务会计目标应满足以下需求:①为现在的和潜在的投资者、债权人和其他信息使用者做出合理的投资、信用和类似决策提供有用的信息;②提供有助于现在的和潜在的投资者、债权人以及其他使用者评估来自股利或利息及其来自销售、偿付、到期汇券或贷款等的实得收入和预期现金收入的金额、时间分布和不确定性的信息;③提供关于企业的经济资源,对这些资源的要求权和对这些资源的要求权发生变动的交易、事项和情况影响的信息;④提供企业管理机构在使用业主委托他的企业资源时是怎样履行他对业主的管家责

3 会计目标、估价模型与价值相关性

任的信息。可见，FASB 将满足投资者的需求列为财务会计报告的第一目标。

3.1.2 中国会计目标的历史演变

在我国会计准则制定的初期，由于证券市场还很弱小，准则的制定者基本未考虑证券市场的需求。1992 年我国的《企业会计准则》第 11 条规定："会计信息应当符合国家宏观经济管理的要求，满足有关各方了解企业财务状况和经营成果的需要，满足企业加强内部经营管理的需要。"可见，该准则将有关政府管理部门以及企业管理当局视为主要信息使用者，而投资者和债权人的需要在该准则中居于次要的地位，这与国际惯例有较大区别。由于当时我国资本市场处于起步阶段，国有企业是我国经济发展的主体，该会计准则规定的会计目标显然符合当时的实际经济状况。但是，随着我国上市公司的不断增多和资本市场的不断壮大，股份上市公司正在成为我国经济的主体。作为投资者，最关心的是投资风险及其对期望的评价，他们需要通过会计信息去发现证券的内在投资价值。因此，财务报告向投资者和债权人和其他使用者提供决策有用的会计信息，帮助他们评估股利或利息的现金收入，以及证券或信用销售、即期货源其收益金额的计算、时间选择与不确定性的分析等，将成为我国会计的主要目标。但 2001 年我国的《企业会计制度》第一章总则中对会计目标采取回避的态度，未明确会计信息的使用者，直到 2006 年 2 月 15 日我国新的《企业会计准则》的出台，这一问题才得到解决。新的《企业会计准则——基本准则》第一章第四条明确规定："财务会计报表的目标是向财务会计报告使用者提供与企业财务状况、经营成果和现金流量等有关的会计信息，反映企业管理委托责任履行情况，有助于财务会计报告使用者作出经济决策。

财务报告使用者包括投资者、债权人、政府及其他有关部门和社会公众等。"可见，我国最新的会计准则将投资者列为第一会计信息使用者，其次为债权人、政府及其他有关部门和社会公众等，这一规定已与国际惯例非常接近。

3.2 会计信息价值相关性的理论基础

会计信息价值相关性是指会计信息与股票内在价值（一般用股票价格来替代）的关系。为什么会计信息与股票内在价值存在着某种联系？其理论基础如何？按照Holthausen和Watts（2001）的观点，会计信息价值相关性的理论基础源于"直接估价"（Direct Valuation）和"间接估价"（Input-to-Equity-Valuation）两种理论。

按照直接估价理论，会计盈余可用于计量股权价值的变化或变化的幅度，会计账面净值则用于计量股权的内在价值。因此，会计准则的制定者会重视股票价格与每股收益和每股净值关系的研究结论。

间接估价理论认为，会计的目标是向投资者提供用于估算股票内在价值的输入变量。因此，根据间接估价理论，会计准则制定者会更关心投资者运用估价模型估价中所运用的现有或潜在的会计数字。间接估价理论需要估价模型以及运用估价模型计算股票内在价值时的会计变量。

3.3 非估值因素对会计目标的影响

由以上我们对会计目标的分析可以看出,企业会计目标除满足投资者投资决策的需求外,还必须满足债权人、政府以及其他有关部门的会计信息需要。可见,一些满足投资者以外的非估值因素对会计目标具有重大影响,这些因素主要包括债务契约、报酬契约、法律诉讼、政府管制等,其中影响最大的是契约因素。

从资产负债表的实质来看,资产负债表似乎是为债权人而设计的。从内容和项目上看,现今的资产负债表与 20 世纪 30 年代前的资产负债表差异并不太大。尽管公认的会计准则允许企业以市场价值计量资产与负债,但仅限于单项资产而非企业总体。然而,由于并非所有的资产或负债都能以市场价值计量,因此把所有资产相加再减去负债所得到的差额并非是企业的内在价值。所以,从资产负债表的本质上看,似乎更符合间接估价理论。

从公认会计准则对商誉计量的要求上看,资产负债表似乎同样是为满足债权人的要求而设计的。由于商誉是企业的市场价值与已确认的账面净值之差,只有当企业整体出售时,其市值大于账面净值的部分才能确认为商誉。不仅如此,当商誉计量之后,还必须对其进行摊销,这样的计量方法和原则显然更符合债权人的需要而非投资者的需要,因为若从投资者的角度出发,商誉应该定期进行重新评估以便使账面净值与股票内在价值更为接近。当债权人和债务人签订债务合同时,常常把商誉资产与其他无形资产从资产负债表中减去,这是因为,如果企业破产清算,商誉资产与其他无形资产的价值通常为零。

会计基本准则中的谨慎性原则同样源于债务合约的需要。所谓谨慎性原则就是要求企业在进行会计核算时不得多计资产或收益，不得少计费用或负债。在FASB发布的财务会计公告第2号公告中（SFAC No.2），将谨慎性原则表述为："不得多计利润但可多计亏损"（Anticipate No Profits but Anticipate All Losses），谨慎性原则以迟延收入确认、限制股利支出等方式确保企业资源不流入追索权次于债权人的利益阶层手中。

管理者报酬合约同样会对会计目标产生影响。管理者报酬合约的影响首先表现在对资产的计量上，由于不少管理者报酬合约建立在以企业账面值（或净资产）报酬率为业绩评价指标的基础之上，因此不同计量方法产生的企业净资产的大小会对管理者报酬产生影响。其次，会计计量的谨慎性原则同样源于管理者报酬合约的需要。谨慎性原则以推迟利润确认的方式来防止确认与管理者业绩无关的盈利信息，从而公平、真实地反映企业管理者主观努力的结果。

法律诉讼对会计目标的影响同样也表现在会计谨慎性原则上。由于多计利润或资产比少计利润或资产更容易招致法律诉讼，因此企业在确认利润和资产上一般采用谨慎的原则。

3.4 计价模型及其与会计信息的联系

通过以上对会计目标和其他非估值因素对会计目标的影响的分析可以看出，由于投资者是财务会计信息的主要使用者，因此，无论是学术研究者还是会计准则制定者都倾向于会计信息的投资者导向，把提供满足投资者需要的信息作为第一会计目标。

但是，我们知道，会计目标除满足投资者的要求外，还必须满足其他阶层会计目标的需要。因此，价值相关性的研究必须考虑到其他非估值因素对会计目标的影响。考虑到其他因素对会计目标的影响，间接估价模型似乎更符合实际。运用股票估价模型的研究的目的是将会计信息与企业内在价值联系起来，从而评估会计信息的特征及其与股票内在价值的联系，以便对会计信息的有用性进行考察，运用股票内在价值估价模型主要考察以下问题：会计信息怎样计量企业的内在价值？那些会计信息提供了关于企业内在价值的信息？

以会计信息为基础的股权估价模型主要有以下几种：

3.4.1 股利贴现模型

股利贴现模型最早是由 Williams（1938）提出的，该模型认为股票的价值等于股票持有人所收到的未来股利的贴现值，其具体表达式如下：

$$V_t^{DD} = \sum_{k=1}^{\infty} E_t [d_{t+k}] / \prod_{j=1}^{k} (1 + r_{t+j}) \qquad 式（3-1）$$

式中，V_t^{DD} 为第 t 时刻股票的内在价值；$\sum$ 为连加符号，$E_t[d_{t+k}]$ 为人们预期第 t + k 期间将要收到的股利；$\prod$ 为连乘符号，r_{t+j} 为 t + j 期间的贴现率。

假定投资者对风险的偏好为中性，则贴现率可用无风险收益率来代替，假定未来的贴现率固定不变为 r 时，股利贴现模型又可表示为：

$$V_t^{DD} = \sum_{k=1}^{\infty} \frac{E_t[d_{t+k}]}{(1+r)^k} \qquad 式（3-2）$$

股利贴现模型以实际向股东分配的现金为贴现对象，这就要求对未来无限期的股利支付做出准确预测，这在实际运用中几乎是不可能的，因为实践中我们仅能对未来有限期进行预测，然而 Miller 和 Modigliani（1961）的股利无关论却证明，在有限期内，股利支付的多少与股票价值无关，因此对未来有限期股利支付大小的预测对股权估价并无太大帮助，这就要求预测比股利更为本质的东西，于是人们想到用自由现金流代替股利概念，并由此提出了自由现金流贴现模型。

3.4.2 自由现金流量贴现模型

$$V_t^{DCF} = FA_t + \sum_{k=1}^{\infty} \frac{E_t[C_{t+k}]}{(1+r)^k} \qquad 式（3-3）$$

式中，V_t^{DCF} 为第 t 时刻股票的内在价值；FA_t 为企业 i 第 t 时刻的净金融资产；C_{t+k} 为企业 i 第 t+k 时刻的自由现金流量，即每股经营现金流量减投资支出；r 为贴现率。

自由现金流量贴现模型将企业从经营活动中获取的现金净流量确认为企业价值的增加，这是显而易见的，但将净投资支出视为价值的减少则令人费解。从理论上讲，净现值为正的投资项目会增加企业的价值，但在该模型中却减少企业的价值，这是因为，虽然投资支出会在短期内减少企业的价值，但在未来长期内会导致企业的经营活动现金流量的增加，因此，要准确计算企业的内在价值，运用该模型仍需对未来较长期间的自由现金流量进行预测，于是人们又提出了剩余收益模型（Ohlson 模型）。

3.4.3 MM 会计永久盈余贴现模型

MM 会计永久盈余贴现模型由 Miller 和 Modigliani（1966）提出。假定会计的永久性盈余为 E^*，贴现率为 r，则股票的内在价值可表示为：

$$V = \frac{1}{r}E^* \qquad 式（3-4）$$

Miller 和 Modigliani（1966）指出，企业的会计盈余 NI 可近似地代表永久盈余，NI 和 E^* 之差可视为计量误差。运用上式进行估值必须明确会计盈余与永久盈余之间的联系。由于会计盈余仅能近似地代表永久盈余，因此需要考虑会计盈余中的哪些项目能代表永久盈余，哪些项目不能反映永久盈余。

3.4.4 资产负债表模型

资产负债表模型由 Landsman（1986）提出。该模型将企业内在价值表述为资产和负债形式，具体如下：

$$MVE_t = MVA_t + MVL_t \qquad 式（3-5）$$

式中，MVE_t 为股票内在价值；MVA_t 为资产的价值；MVL_t 为负债的价值（用负数表示）。

在该计价模型中，会计资产和会计负债分别表示资产和负债的价值，运用该模型需考虑哪些资产和负债没有包括在资产负债表中。

3.4.5 Ohlson 模型

$$V_t^o = B_t + \sum_{\tau=1}^{\infty} \frac{E[X_{t+\tau} - rB_{t+\tau-1}]}{(1+r)^\tau} \qquad 式（3-6）$$

式中，V_t^o 为运用 Ohlson 模型计算出的股票内在价值大小；B_t 为第 t 时刻的每股账面净值；$B_{t+\tau-1}$ 为第 $t+\tau-1$ 时刻的账面净值；$X_{t+\tau}$ 为第 $t+\tau$ 时刻的每股净资产；r 为贴现率。

由该模型可以看出，企业价值最终由该企业当期净资产、未来各期预期净资产和贴现资金成本率（或贴现率）决定，因此，Ohlson 模型将企业的内在价值与会计系统有机地联系起来，有效地解决了股利之谜，为了计算股票的内在价值，我们不需要预测企业未来支付给股东的股利，而只需要对未来有限期的每股收益和净资产进行预测，Ohlson 的具体推导过程以及 Ohlson 模型的线性形式见第 4 章。

3.5 本章小结

适应现代企业制度和资本市场发展的需要，会计目标逐步从早期的满足企业内部需要发展到现在的满足企业外部投资者和债权人的需要。从投资者的利益出发，提供能够评估企业的内在投资价值的会计信息当然最符合投资者的利益。但是，由于会计目标还要兼顾债权人、企业经营者、政府税务机关等各方面的会计信息需要，这就使会计的目标不能完全从投资者的角度出发提供唯一能够满足投资者需要的会计信息，因此，研究会计信息价值相关性时必须考虑非估值因素的影响。会计信息价值相关性的理论基础源于直接估价理论和间接估价理论，常见的间接估价模型主要有股利贴现模型、自由现金流量贴现模型、MM 会计永久盈余贴现模型、资产负债表模型和 Ohlson 模型。

4 Ohlson 模型的演变及其发展

本章在第 3 章对计价模型的理论分析的基础上,对 Ohlson 模型的演变及其发展进行了详细的介绍和分析,并将 Ohlson 模型划分为线性形式和非线性形式两种,从而为第 5~7 章运用 Ohlson 模型的线性形式和第 8~11 章运用 Ohlson 模型的非线性形式研究打下基础。

4.1 Ohlson 模型的推导过程

4.1.1 Ohlson 模型的非线性形式

Ohlson(1995)模型的非线性形式是由股利贴现模型演化而来的。假定投资者对风险的偏好是中性的,即无论投资的风险有多大,投资者要求的贴现率均为无风险收益率 R_f,假定投资者在第 t 期预期在第 $t+\tau$ 期收到的每股股利为 $d_{t+\tau}$,则股票在第 t 时刻的内在价值可用以下股利贴现模型来表示:

$$P_t = \sum_{\tau=1}^{\infty} \frac{E_t[d_{t+\tau}]}{(1+R_f)^{\tau}} \qquad 式(4-1)$$

式中，P_t 为第 t 时刻股票的内在价值；$d_{t+\tau}$ 为第 $t+\tau$ 时刻投资者收到的每股股利；R_f 为无风险收益率；$E_t(\cdot)$ 为第 t 时刻的预期。

令 x_t 表示第 (t-1, t) 时期的每股收益，y_t 表示第 t 时刻的每股净值，假定清洁盈余关系成立，即第 t-1 至第 t 时期每股净值的变化等于每股收益减去每股股利，且支付的股利只会减少当期的每股净值而不会减少当期的每股收益，用数学公式表示如下：

$$\partial y_t / \partial d_t = -1 \qquad 式(4-2)$$

$$\partial x_t / \partial d_t = 0 \qquad 式(4-3)$$

则第 t 时刻每股净资产、第 t-1 时刻和第 (t-1, t) 期每股收益 x_t 与第 t 时刻支付的每股股利之间存在以下等式关系：

$$y_t = y_{t-1} + x_t - d_t \qquad 式(4-4)$$

令 x_t^a 表示每股超额收益（又称剩余收益），定义 x_t^a 如下：

$$x_t^a = x_t - R_f y_{t-1} \qquad 式(4-5)$$

由上式可以看出，每股超额收益等于当期每股收益减去当期的资金使用成本。由式 (4-5) 可得：

$$x_t = x_t^a + R_f y_{t-1} \qquad 式(4-6)$$

将式 (4-6) 代入式 (4-4) 可得：

$$d_t = x_t^a - y_t + (1+R_f) y_{t-1} \qquad 式(4-7)$$

将式 (4-7) 代入式 (4-1) 进行计算，整理后得如下超额收益模型：

$$P_t = y_t + \sum_{\tau=1}^{\infty} \frac{E_t(x_{t+\tau}^a)}{(1+R_f)^{\tau}} \qquad 式(4-8)$$

超额收益模型最早由 Edward 和 Bell 在 1961 年导出，Peasnell 曾于 1981 年和 1982 年向学术界对该公式进行重新介绍，然而遗憾的是当时并未引起学术界的重视，直到 1995 年 Ohlson 对该模型进行了进一步的阐述并提出了该模型的线性形式。剩余收益模型又被称作 OHLSON 模型或 Ohlson 模型。

4.1.2 Ohlson 模型的线性形式

Ohlson 在剩余收益模型的基础上,假定第 t 期的剩余收益 x_t^a、其他非会计信息 v_t 和第 t+1 期的剩余收益 x_{t+1}^a、其他非会计信息 v_{t+1} 存在以下线性关系:

$$x_{t+1}^a = \omega x_t^a + V_t + \varepsilon_1 \qquad 式(4-9)$$

$$V_{t+1} = \quad + \gamma V_t + \varepsilon_2 \qquad 式(4-10)$$

上两式中,ε_1、ε_2 表示随机变量;v_{t+1}、v_t 分别表示第 t+1 期和第 t 期的会计信息以外的其他信息。

假定 ω、γ 为已知变量且 $0 < \omega < 1$,$0 < \gamma < 1$,根据式(4-8)、式(4-9)、式(4-10),Ohlson 经过严格的数学推导,证明出股票的内在价值可用以下线性等式表示:

$$P_t = y_t + \alpha_1 x_t^a + \alpha_2 v_t \qquad 式(4-11)$$

式中,$\alpha_1 = \omega / (1 + R_f - \omega) \geq 0$;
$\alpha_2 = (1+R_f) / (1+R_f-\omega)(1+R_f-\gamma) > 0$。

由式(4-11)可以看出,当式(4-9)、式(4-10)成立时,股票内在价值与其每股净值、每股超额收益以及其他非会计信息呈线性关系。

根据式(4-5)对超额收益的定义以及式(4-4)对清洁盈余关系的定义,将 $x_t^a = x_t - R_f y_{t-1}$、$y_t = y_{t-1} + x_t - d_t$ 代入式(4-11)可得:

$$P_t = y_t + \alpha_1 (x_t - R_f y_{t-1}) + \alpha_2 v_t$$
$$\quad = y_{t-1} + x_t - d_t + \alpha_1 (x_t - R_f y_{t-1}) + \alpha_2 v_t$$

$$= (1 + \alpha_1) x_t + (1 - \alpha_1 R_f) y_{t-1} + \alpha_2 v_t - d_t$$

移项得：

$$P_t + d_t = (1 + \alpha_1) x_t + (1 - \alpha_1 R_f) y_{t-1} + \alpha_2 v_t \qquad \text{式 (4-12)}$$

式（4-12）称为 Ohlson 模型的线性形式，由该式可以看出，当期股票内在价值加上本期已收到的股利可用当期每股收益和上期每股净值以及其他非会计信息的线性形式表示。

4.1.3 关于股利对下期每股收益和当期股票内在价值影响的重要推论

根据式（4-6），将式（4-6）代入式（4-4）可得：

$$\begin{aligned}
y_t &= y_{t-1} + x_t - d_t \\
&= y_{t-1} + x_t^a + R_f y_{t-1} - d_t \\
&= x_t^a + (1 + R_f) y_{t-1} - d_t \qquad \text{式 (4-13)}
\end{aligned}$$

由式（4-4）可得 $x_{t+1} = y_{t+1} + d_{t+1} - y_t$，根据式（4-13）可得 $y_{t+1} = x_{t+1}^a + (1 + R_f) y_t - d_{t+1}$，因此，

$$\begin{aligned}
x_{t+1} &= x_{t+1}^a + (1 + R_f) y_t - d_{t+1} + d_{t+1} - y_t \\
&= x_{t+1}^a + R_f y_t
\end{aligned}$$

根据式（4-9）$x_{t+1}^a = \omega x_t^a + v_t + \varepsilon_1$，将式（4-9）代入上式可得．

$$x_{t+1} = \omega x_t^a + R_f y_t + v_t + \varepsilon_1 \qquad \text{式 (4-14)}$$

由式（4-14）可以看出，下期每股收益可用上期超额收益与每股净值的线性形式表示，对式（4-14）两边进行求每股股利的导数，可得：

$$\partial (x_{t+1}) / \partial d_t = -R_f \qquad \text{式 (4-15)}$$

这是因为，根据式（4-2）和式（4-3）清洁盈余关系的假定，$\partial y_t / \partial d_t = -1$，$\partial x_t / \partial d_t = 0$，而且，$\partial v_t / \partial d_t = 0$，由此可得出：$\partial (x_{t+1}) / \partial d_t = 0 -$

$R_f + 0 = -R_f$

由式（4-15）可以看出，当期支付的股利对下期每股收益影响的边际率为$-R_f$。

对式（4-11）两边同时求 d_t 的导数，可得：

$\partial P_t/\partial d_t = \partial(y_t + \alpha_1 x_t^a + \alpha_2 v_t)/\partial d_t$

$= \partial y_t/\partial d_t + \alpha_1 \partial x_t^a/\partial d_t + \alpha_2 \partial v_t/\partial d_t$

$= -1 + 0 + 0$

$= -1$ 式（4-16）

由式（4-16），可以看出，每元股利的支出对股票内在价值的影响仅为-1元，因此该推论与 Modigliani 和 Miller（1961）提出的股利无关论相一致，也从另一个角度证明了股利无关论的正确性。

4.2 Ohlson 模型的重要意义

4.2.1 Ohlson 非线性模型的重要意义

剩余收益模型的非线性形式〔即式（4-8）〕显示，对企业内在价值有重要影响的是超额收益（或剩余收益），即当期每股收益减去当期资金成本。只有当未来超额收益的折现值大于零时，企业的内在价值才会大于其会计账面净值，因此大于企业账面净值的无形资产就是企业未来超额收益的折现值。剩余收益模型的非线性形式具有以下重要意义：

首先，Ohlson 非线性模型用每股账面值和每股收益代替了每股股利，该模型为一些长期不支付股利的高科技和高增长企业的价值评估提供了理论依据。据 Fama 和 French（2001）的研究，在美国 NYSE、AMEX 和 NASDAQ 上市的企业中，支付现金股利的非金融和非公用事业企业由 1978 年的 66.5%下降到 1999 年的 20.8%，显然，运用股利贴现模型无法对这些比例相当高的不支付股利的企业进行价值评估。

其次，在 Ohlson 非线性模型出现之前的实证会计研究中，人们往往凭空想象会计信息与股票内在价值之间存在某种联系，会计信息与股票内在价值之间的联系缺乏严格的数学证明，Ohlson 的非线性模型将股票内在价值表述为会计账面净值与未来超额收益现值之和，使股票内在价值与会计信息之间的联系建立在严格的逻辑证明基础之上而不是凭空想象，为以后的实证会计研究奠定了坚实的逻辑基础。例如，不少实证研究显示［Fama 和 French（1992，1995），Campbell 和 Shiller（1988a），Lakonishok、Shleife 和 Vishny（1994），Lee（1996，1998），Pontiff 和 Schall（1998），Lamont（1998）］，一些诸如市盈率和市净率价值相关性的指标显示出对股票投资回报的极强预测能力，但这似乎是一种偶然的原因引起的，其内在原因缺乏科学的理论联系。Ohlson 非线性模型的出现有效地解释了这一问题，使偶然变成必然。

最后，Ohlson 非线性模型的出现有效地解决了"股利之谜"。由于股利贴现模型认为股票的内在价值等于未来股利的现值，而 Modigliani 和 Miller（1961）的股利无关论认为，企业股利的支付对股票内在价值无关，这与股利贴现模型的结论正好相反，人们一时无法解释这两种完全相反的结论，因此人们称为"股利之谜"。Ohlson 的非线性模型用代表价值创造活动的每股收益替代了代表价值分配活动的每股股利，使股票的内在价值建立在价值创造活动之上而不是价值分配之上，从而使人们认识到：超过企业账面净值的企业无形资产是由企业未来的超额收益的现值决定的，与股利的分配活动无关，这就有效地解决了"股利之谜"。

4.2.2 Ohlson 线性模型的重要意义

由于 Ohlson 模型的非线性形式将股票内在价值表述为当期每股净值和未来超额收益之和，而未来的超额收益是比较难以预测的，该模型未能考虑当期收益对企业内在价值的影响，当期企业的收益又是如何影响股票的内在价值？

Ohlson 在剩余收益模型的基础上，假定当期超额收益与下期超额收益呈线性关系，证明出了当期股票内在价值可用当期每股净值和当期超额收益或者当上期每股净值和当期每股收益来表述，这就为当期会计信息与股票内在价值的关系提供了理论基础，从而为当期会计信息与股票内在价值的关系的研究开辟了道路。

4.3 本章小结

笔者将 Ohlson 模型划分为 Ohlson 模型的非线性形式和线性形式两种。运用 Ohlson 模型的线性形式可以证明当期支付的 1 元的股利对下期每股收益的影响为 $-R_f$，而对下期股票内在价值的影响为 -1 元，因此这就进一步证明了 MM 股利无关论的正确性。Ohlson 模型用代表价值创造的每股收益代替了代表价值分配的每股股利，将股票的内在价值建立在价值创造而非价值分配的基础上，有效地解决了"股利之谜"，具有划时代的意义。

5 每股收益、每股净值与价值相关性

本章在第4章Ohlson模型分析的基础上，运用Ohlson模型的线性形式对我国上市公司每股收益、每股净值价值相关性的变迁及影响会计信息价值相关性的因素进行了实证检验和分析。在影响因素的理论分析和实证检验中，主要从主营业务利润比例、企业规模、企业盈余正负、无形资产密集程度、盈余质量、企业未来盈余的增长潜力六个角度进行了理论和实证分析。

5.1 文献回顾

根据第1章国内外对我国会计信息价值相关性研究现状我们可以看出，在现有的境内外学者对我国会计信息价值相关性的变迁和影响因素的研究中，Charles J.P.Chen（2001）等人的研究证明了我国新兴资本市场具有一定的成熟性，但Chen（2001）等的研究不仅时间跨度短、样本量小，而且对影响因素的分析不够全面。赵春光（2003）运用报酬模型和价格模型对我国1995~2001年的会计价值相关性的变迁进行了研究，同样发现我国会计信息价值相关性研究经历了一个先上升后下降的过程，但他并未对影响价值相关性的因素进行实证分析。本章将在借鉴 Chen 和赵研究的基础上，一方面克服赵的不足，对影响我国会计信息价值相关性的因素进行实证检验；另一方面克服 Chen 等的不足，对更长（1990~2003 年）时间跨度和更大样本量以及更多影响因素进行检验。

5.2 研究方法

常见的会计信息价值相关性研究模型主要有 Ohlson 模型 [又称价格模型，本章的 Ohlson 模型是指 Ohlson 模型的线性形式，见第 4 章的公式（4-12）] 和报酬模型（Return Model）两种，与报酬模型相比，Ohlson 模型具有以下两大优点：其一，越来越多的研究证实，股票价格的信息越来越丰富，股票价格在会计报告公布前已经把其反映到股票价格中，如果会计信息在起初已反映在股票价格中，那么运用报酬模型计算出的盈余变化的系数将为零，而运用 Ohlson 模型将克服这一缺陷，因为股价反映了会计信息的累积影响。其二，Ohlson 模型可与多项会计指标进行回归，克服了报酬模型仅可与某一会计指标及其变动数回归的缺陷。虽然运用 Ohlson 模型也存在着异方差问题的缺陷，但运用 Ohlson 模型开展研究正呈增长的趋势。本章采用 Ohlson 模型这一研究方法对我国上市公司每股净值与每股收益价值相关性变迁以及影响因素进行研究。根据第 4 章的分析，Ohlson 模型的线性形式表示如下：

$$P_{it} = \alpha_0 + \alpha_1 eps_{it} + \alpha_2 bv_{it} + \varepsilon_{it} \quad \text{式 (5-1)}$$

式中，P_{it} 为企业 i 在第 t 年年报公布之后的 4 月 30 日的股票收盘价格；eps_{it} 为企业 i 在第 t 年期间的每股收益；bv_{it} 为企业 i 在第 t 年末的每股净资产；ε_{it} 为表示误差项。

通过比较分析，运用该模型计算出的判定系数 R^2 的大小可判定每股收益和每股净值对股票价格的解释能力，即会计信息每股收益和每股净值价值相关性的大小。此外，本章还分别运用

$$P_{it} = \beta_0 + \beta_1 eps_{it} + \varepsilon_{it} \qquad 式（5-2）$$

和

$$P_{it} = \gamma_0 + \gamma_2 bv_{it} + \varepsilon_{it} \qquad 式（5-3）$$

两个模型来分别比较分析每股收益和每股净值的价值相关性。由模型（5-1）回归所得到的调整后的判定系数用 R_T^2 表示，由模型（5-2）回归所得到的调整后的判定系数用 R_{EPS}^2 表示，由模型（5-3）回归所得到的调整后的判定系数用 R_{BV}^2 表示，同时，本章还计算每股收益的增量解释力 Incre R_{EPS}^2，Incre $R_{EPS}^2 = R_T^2 - R_{BV}^2$，每股净值的增量解释力 Incre R_{BV}^2，Incre $R_{BV}^2 = R_T^2 - R_{EPS}^2$。

5.3 样本选取

选取 1990~2003 年沪深两市所有 A 股上市公司为研究对象。所有财务数据和股票价格数据来自深圳国泰安信信息技术有限公司开发的 CSMAR 数据库系统，本章选取所有有股票成交价格和每股收益、每股净值等相关财务数据的企业为研究对象，经过 foxpro 程序软件编程运算（主要用于计算于 4 月 30 日股票价格相对应的除权后的每股净值和

每股收益）和 SPSS 软件统计分析计算，共获得 8179 个有效样本/年观测值，有关描述性统计量如下：

表 5–1　1990~2003 年公司/年观测值描述性统计量

变量	平均值	中位数	最小值	最大值	标准差
股票价格（p_{it}）	12.16	10.19	1.64	2108.24	30.81
每股收益（EPS_{it}）	0.20	0.21	-11.00	96.52	1.14
每股主营业务利润（$core_{it}$）	0.58	0.40	-1.81	371.35	4.19
每股非主营业务利润（one_{it}）	0.062	0.045	-16.32	2.19	0.293
每股净资产（bv_{it}）	2.74	2.51	-8.59	165.68	3.60

注：有效观测次数为 8173 次，股票价格（p）为企业 i 在第 t 年年报公布之后的第 t+1 年的 4 月 30 日的股票收盘价格，每股收益 eps_{it} 表示企业 i 在第 t 年期间的每股收益，每股主营业务利润（$core_{it}$）表示企业 i 在第 t 年期间的每股主营业务利润（CSMAR 利润表第 17 项），每股非主营业务利润（one_{it}）表示企业 i 在第 t 年期间的每股非主营业务利润［其他业务利润（CSMAR18 项）- 存货跌价损失（CSMAR19 项）+ 投资收益（CSMAR22 项）+ 期货损益（CSMAR23 项）+ 补贴收入（CSMAR24 项）+ 营业外收入（CSMAR25 项）- 营业外支出（CSMAR26 项）+ 以前年度损益调整（CSMAR27 项）- 分给外单位利润（CSMAR28 项），每股净资产 bv_{it} 表示企业 i 在第 t 年末的每股净资产。

由表 5–1 可以看出，无论是平均值还是中位数，我国上市公司每股非主营业务利润远远小于主营业务利润，这与成熟证券市场的情况十分相似。

5.4　我国上市公司每股收益、每股净值价值相关性的变迁

表 5–2 和表 5–3 是运用式（5–1）~（5–3）对我国 1990~2003 年分年度的横截面检验结果。

表 5–2　1990~2003 年我国沪深 A 股价值相关性回归总体结果

1. 模型 $P_{it} = \alpha_0 + \alpha_1 eps_{it} + \alpha_2 bv_{it} + \varepsilon_{it}$ 的回归结果

年份	观测次数 N	α_1（t 值）	α_2（t 值）	调整后的 R^2
1992 年前	68	16.802(7.348)***	5.594(4.672)***	0.742
1993	155	2.227(1.621)*	1.275(3.744)***	0.213

续表

1. 模型 $P_{it} = \alpha_0 + \alpha_1 eps_{it} + \alpha_2 bv_{it} + \varepsilon_{it}$ 的回归结果

年份	观测次数 N	α_1 (t 值)	α_2 (t 值)	调整后的 R^2
1994	283	3.214(2.610)**	0.927(2.535)**	0.139
1995	302	6.144(8.588)***	0.225(0.852)	0.283
1996	498	16.965(18.672)***	1.659(4.928)***	0.581
1997	704	15.111(17.938)***	0.302(1.219)	0.411
1998	802	6.142(12.126)***	0.455(2.369)**	0.268
1999	850	7.922(7.474)***	0.253(0.787)	0.108
2000	1040	4.886(6.488)***	0.982(5.595)***	0.139
2001	1090	2.369(5.634)***	0.906(8.012)***	0.159
2002	1149	1.217(4.375)***	0.848(9.829)***	0.164
2003	1238	2.577(10.558)***	0.744(11.404)***	0.300

2. 模型 (5-2) $P_{it} = \beta_0 + \beta_1 eps_{it} + \varepsilon_{it}$ 和模型 (5-3) $P_{it} = \gamma_0 + \gamma_1 bv_{it} + \varepsilon_{it}$ 的回归结果 [每年的观测次数与模型 (5-1) 相同]

年份	β_1 (t 值)	调整后的 R^2	γ_1 (t 值)	调整后的 R^2
1992 年前	23.471(11.456)***	0.660	11.086(8.828)***	0.543
1993	5.754(5.238)***	0.147	1.640(6.382)***	0.205
1994	5.465(6.350)***	0.122	1.616(6.316)***	0.121
1995	6.487(10.967)***	0.284	1.502(6.160)***	0.109
1996	19.499(25.450)***	0.562	5.217(14.455)***	0.292
1997	15.686(22.135)***	0.411	2.713(10.798)***	0.142
1998	5.433(15.342)***	0.226	1.430(9.822)***	0.106
1999	8.442(10.196)***	0.108	1.749(6.761)***	0.050
2000	7.292(11.625)***	0.114	1.632(11.110)***	0.105
2001	4.217(11.661)***	0.111	1.255(13.095)***	0.135
2002	2.686(10.997)***	0.095	1.050(14.325)***	0.151
2003	4.079(19.071)***	0.227	1.121(19.641)***	0.237

注：*** 表示 0.001 水平显著（双尾），** 表示 $0.01 < a \leq 0.05$ 水平显著（双尾），*0.1 水平显著（单尾） P_{it} 表示企业 i 在第 t 年年报公布之后的 4 月 30 日的股票收盘价格，eps_{it} 表示企业 i 在第 t 年期间的每股收益，bv_{it} 表示企业 i 在第 t 年末的每股净资产，ε_{it} 表示误差项。

表 5-3 Ohlson 模型 (5-1)、模型 (5-2)、模型 (5-3) 的回归结果

年份	R_T^2	R_{EPS}^2	R_{BV}^2	Incre R_{EPS}^2	Incre R_{BV}^2
1992 年前	0.742	0.660	0.543	0.208	0.627
1993	0.217	0.147	0.205	0.012	0.070
1994	0.139	0.122	0.121	0.018	0.017

续表

年份	R_T^2	R_{EPS}^2	R_{BV}^2	Incre R_{EPS}^2	Incre R_{BV}^2
1995	0.283	0.283	0.109	0.174	0.000
1996	0.581	0.562	0.292	0.289	0.019
1997	0.411	0.411	0.142	0.269	0.000
1998	0.227	0.226	0.105	0.122	0.001
1999	0.108	0.108	0.05	0.058	0.000
2000	0.139	0.114	0.105	0.034	0.025
2001	0.159	0.11	0.135	0.024	0.049
2002	0.164	0.094	0.151	0.013	0.070
2003	0.301	0.227	0.237	0.064	0.074

注：R_T^2表示由模型（5-1）回归所得到的调整后的判定系数，R_{EPS}^2表示由模型（5-2）回归所得到的调整后的判定系数，R_{BV}^2表示由模型（5-3）回归所得到的调整后的判定系数，Incre R_{EPS}^2表示每股收益的增量解释力，Incre $R_{EPS}^2 = R_T^2 - R_{BV}^2$，Incre R_{BV}^2表示每股净值的增量解释力，Incre $R_{BV}^2 = R_T^2 - R_{EPS}^2$。

由表5-2可以看出，在每股净值、每股收益与股票价格的回归中，每年的每股收益的回归系数均显著，而每股净值的回归系数只有1995年、1997年、1999年三年不显著，在每股净值与股票价格和每股收益与股票价格的单项回归中，每股收益与每股净值的回归系数均显著。无论是联合回归还是单项回归，每股收益的回归系数和t值均大于每股净值的回归系数和t值，这说明每股收益比每股净值具有更大的相关性。以调整后R^2为价值相关性为判断标准的数据可由图5-1、图5-2进一步说明。

由图5-1可以看出，无论是每股净值和每股收益的联合价值相关性还是每股收益和每股净值的单一价值相关性，它们都经历了一个下降—上升—下降—上升的过程，我国证券市场刚开放时价值相关性较大，然后逐年下降，到1994年达到最小，接着又开始上升，到1996年达到最大，然后又开始下降，到1999年达到最小，但1999年后又逐年稳步上升。由图5-1还可以看出，每股收益的价值相关性与每股收益、每股净值的联合价值相关性十分接近，此二曲线几乎重合，

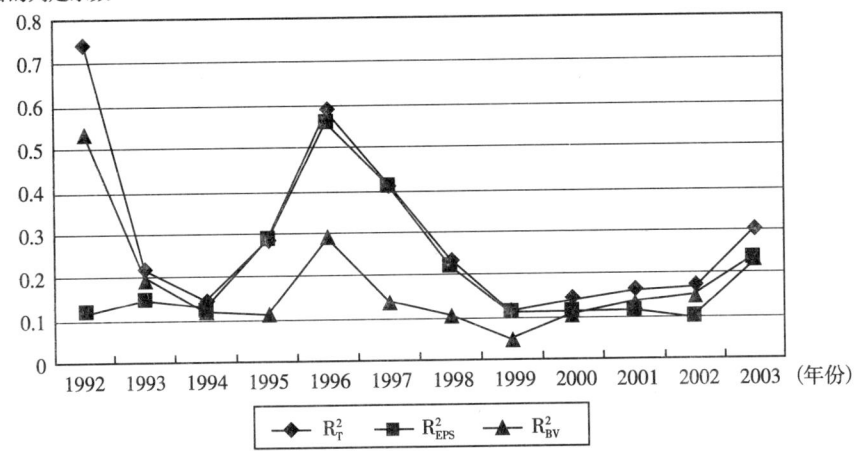

图 5-1 我国上市公司每股收益、每股净值价值相关性变迁图之一

注：R_T^2 表示每股收益与每股净值的联合价值相关性（调整后的判定系数，下同），R_{EPS}^2 表示每股收益的价值相关性，R_{BV}^2 每股净值的价值相关性。

1994~2000 年前每股净值的价值相关性一直低于每股收益的价值相关性，但 2000 年后每股净值的价值相关性略高于每股收益的价值相关性。由图 5-2 还可以看出，我国每股收益增量价值相关性同样经历了一个下降—上升—下降—上升的过程，而每股净值的增量价值相关性

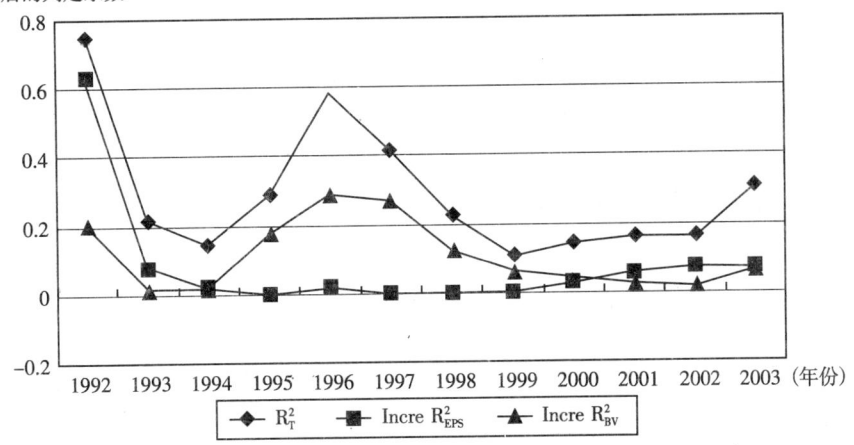

图 5-2 我国上市公司每股收益、每股净值价值相关性变迁图之二

注：R_T^2 表示每股收益与每股净值的联合价值相关性（调整后的判定系数，下同），Incre R_{EPS}^2 表示每股收益的增量解释力，Incre $R_{EPS}^2 = R_T^2 - R_{BV}^2$，Incre R_{BV}^2 表示每股净值的增量解释力，Incre $R_{BV}^2 = R_T^2 - R_{EPS}^2$。

的波动较小，只经历了一个从下降到上升的过程，1995~1999年为最小。自1999年后，每股净值的增量价值相关性逐年稳步上升。

5.5 影响我国上市公司每股收益、每股净值价值相关性因素的理论与实证分析

根据以上运用 Ohlson 模型对我国上市公司每股收益和每股净值价值相关性的实证研究，我们可以看出我国上市公司当期会计信息不仅具有价值相关性，而且其价值相关性经历了一个由下降到上升，再由上升到下降然后再上升的过程，我国会计信息的价值相关性不仅进一步证明了 Ohlson 模型的理论和应用价值，而且证明了我国会计信息的有用性。那么，什么因素影响了我国会计信息的价值相关性？什么因素导致了我国会计信息价值相关性的变迁？借鉴熟资本市场的研究结论，下面对可能对影响我国会计信息价值相关性的因素进行逐一分析。为了研究这些影响因素，笔者将一般将这些影响因素按一定的指标由高到低分为两组，然后运用式（5-1）~（5-3）中 Ohlson 模型进行比较研究。研究结果见图 5-3、图 5-4 和表 5-4、5-5、5-6。

5.5.1 主营业务利润和非主营业务利润

由于非主营业务利润的可持续性较主营业务利润差，因此，从理论上讲，非主营业务利润的价值相关性较主营业务利润差，这在成熟资本市场已得到实证证实（Elliott、Hanna，1996；Collin，1997），因此，该比例的大小应与价值相关性呈反向变化（Collin，1997）。由图5-3可以看出，我国上市公司非主营业务收入占主营业务收入比例的

年平均数经历了一个从上升到下降的过程，1996年达到最大，其平均比例为47.4%，然后逐年下降，到2002年下降为最低点3.2%。

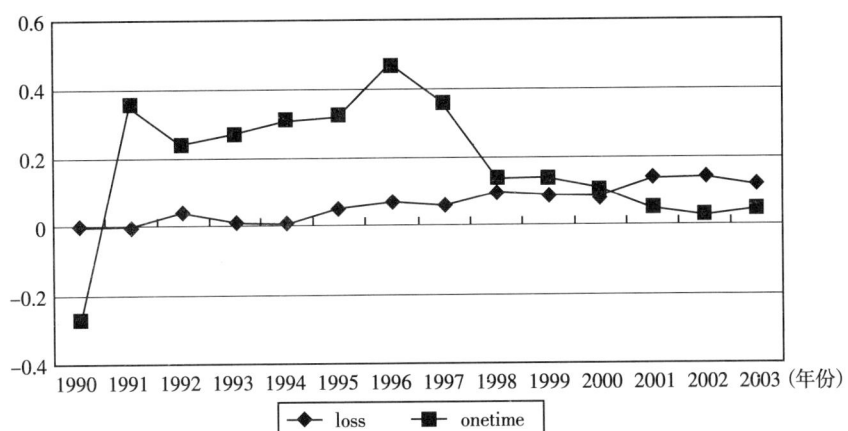

图5-3 我国上市公司每年非主营业务收入占主营业务收入比例的平均数、亏损企业比例数的平均数

注：loss表示亏损企业比例的平均数，onetime表示非主营业务收入占主营业务收入比例的平均数，其中亏损企业的标准是主营业务利润为负。

为了研究主营业务利润和非主营业务利润对我国会计信息价值相关性的影响，本书采用主营业务利润减去税前利润除以税前利润总额绝对值的方法来比较其比率大小（该指标的优越性见第6章的进一步分析），并按照该比率大小将样本企业/年观测次数分为两组，从而比较其价值相关性。实证检验结果如表5-4所示。

表5-4 主营业务利润、非主营业务利润以及企业盈利或亏损对价值相关性的影响

Ohlson 模型

$$P_{it} = \alpha_0 + \alpha_1 eps_{it} + \alpha_2 bv_{it} + \varepsilon_{it} \quad \text{式 (5-1)}$$
$$P_{it} = \beta_0 + \beta_1 eps_{it} + \varepsilon_{it} \quad \text{式 (5-2)}$$
$$P_{it} = \gamma_0 + \gamma_2 bv_{it} + \varepsilon_{it} \quad \text{式 (5-3)}$$

回归系数 \ 影响因素	主营业务利润、非主营业务利润对价值相关性的影响		企业的盈利与亏损	
	高主营业务利润比率	低主营业务利润比率	税后利润为正的企业	税后利润为负的企业
观测次数	4082	4082	7443	721
α_1	2.750 (11.701)***	10.639 (21.723)***	13.176 (33.946)***	0.319 (2.419)*

续表

回归系数 \ 影响因素	主营业务利润、非主营业务利润对价值相关性的影响		企业的盈利与亏损	
	高主营业务利润比率	低主营业务利润比率	税后利润为正的企业	税后利润为负的企业
α_2	0.646 (8.951)***	0.372 (3.421)***	0.137 (2.044)*	0.286 (1.124)
Adj R²	0.108	0.155	0.1775	0.021
β_1	3.948 (20.250)***	11.458 (27.131)***	13.564 (40.038)***	0.634 (2.971)**
Adj R²	0.091	0.153	0.1771	0.011
γ_2	1.132 (18.698)***	1.563 (15.784)***	1.249 (19.862)***	0.399 (3.710)***
Adj R²	0.079	0.057	0.050	0.017
每股收益的增量解释力	0.029	0.098	0.128	0.004
每股净值的增量解释力	0.017	0.002	0.0004	0.001

注：括号内为t值，*** 表示0.001水平显著，** 表示0.01水平显著，* 表示0.1水平显著。

由表5-4可以看出，与成熟资本市场不同，主营业务比率占税前利润总额的比例越高，每股收益的价值相关性反而越小。在每股收益和每股净值的联合回归中，高主营业务利润比例中的每股收益的回归系数为2.750，而低主营业务利润比例的每股收益的回归系数为10.639；在单项回归中，低主营业务利润比例的每股收益的回归系数（分别为11.485和3.948）和调整后的判定系数（分别为0.153和0.091均大于高主营业务比例的。这就从一个角度证明了我国资本市场的低效率性以及投资者的不成熟性。由图5-2可以看出，1996年我国非主营业务利润的比例占主营业务的比例为最高点（47.4%），而这一年也是我国会计信息价值相关性最高的一年，因此，该年的价值相关性高并不能说明会计信息的质量高，相反，却说明了投机者利用会计信息（特别是大户或机构投机者）来操纵股价，使股价偏离其内在价值，这一点可以从市价/盈利比和市价/净值比的大小进一步得以证实。在股市经历了1994年、1995年和1996年三年暴跌之后，到1997年开始暴涨，市价/盈利比和市价/净值比在1997年4月30日分别为58.53和

5.43倍（见第 2 章表 2-3：沪深两市 A 股市盈率、市净率汇总表），为 1994~1997 年这 4 年中的最高点。在我国证券市场开放的早期，由于投资者不够成熟以及其他信息的相对缺乏，投资者更多地依靠会计信息进行投资决策，中小投资者会计知识的缺乏使他们不能区分不同会计信息对股票内在价值的影响，从而为一些庄股炒炸股票创造了条件。针对该问题，本书将在第 6 章进行更为详细的研究。

5.5.2 企业赢利的正负

成熟资本市场的研究表明，企业赢利的正负对其价值相关性有显著影响，当企业赢利为负时，每股净值与股票价格更加相关，这是因为投资者认为企业的亏损是暂时的。由图 5-3 可以看出，我国亏损企业的比例存在逐年增多的趋势，但 2003 年稍有下降。

为了了解企业盈利以及亏损对我国上市公司价值相关性的影响，本书按照上市公司税后利润的正负分为两组进行回归，回归结果见表 5-4。由该表可以看出，在每股收益、每股净值的联合回归中，利润为正的企业的每股收益的回归系数为 13.176 且显著，而利润为负的每股收益的回归系数为 0.319 且显著，利润为正的每股收益的回归系数远远高于利润为负企业的回归系数，而在单项回归中，利润为正企业的每股收益的回归系数同样高于利润为负企业的回归系数（分别为 13.564 和 0.634），利润为正企业回归调整后的判定系数也明显高于利润为负的企业（分别为 0.1771 和 0.011），利润为正企业每股收益的增量解释力也明显高于利润为负的企业（分别为 0.128 和 0.004），这说明当企业利润为正时，每股收益具有更大的价值相关性，而利润为负时，每股净值具有更大的相关性，这与成熟资本市场类似。

5.5.3 企业规模

成熟资本市场的研究显示，小企业较大企业更易于破产，因此，小企业盈余的可持续性较大企业差，故小企业的净资产具有较大的价值相关性。由图 5-4 可以看出，我国上市企业的平均规模呈逐年上升的态势。为检验企业规模对我国上市公司价值相关性的影响，本书以企业总资产为企业规模指标，以企业总资产的中值为标志，将企业分为大于中值和小于中值的两部分而分别回归，回归结果见表 5-5。

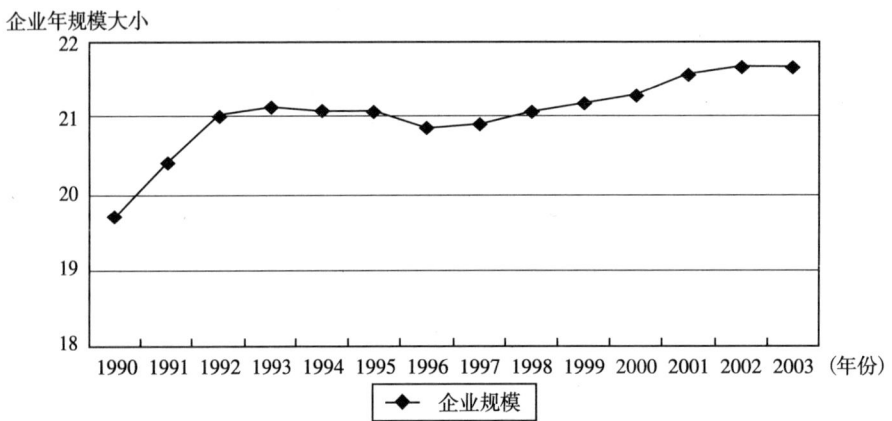

图 5-4 我国上市公司企业规模变动趋势

注：每年企业规模大小用企业总资产（SIZE）平均数的自然对数 LN（SIZE）表示，每年企业的资产大小已经过国家统计局公布的零售商品物价指数调整，调整的基期是 2001~2003 的平均指数。

表 5-5 企业规模与盈余质量对价值相关性的影响

Ohlson 模型				
$P_{it} = \alpha_0 + \alpha_1 eps_{it} + \alpha_2 bv_{it} + \varepsilon_{it}$				式（5-1）
$P_{it} = \beta_0 + \beta_1 eps_{it} + \varepsilon_{it}$				式（5-2）
$P_{it} = \gamma_0 + \gamma_2 bv_{it} + \varepsilon_{it}$				式（5-3）

回归系数	影响因素	企业规模对价值相关性的影响		盈余质量对价值相关性的影响	
		企业总资产大于中位数	企业总资产小于中位数	经营现金净流量占主营业务利润比例高于中位数的企业	经营现金净流量占主营业务利润比例低于中位数的企业
观测次数		4082	4082	3018	3017
α_1		6.561 (23.113)***	3.010 (9.830)***	6.046 (15.945)***	6.168 (15.338)***

续表

回归系数 影响因素	企业规模对价值相关性的影响		盈余质量对价值相关性的影响	
	企业总资产大于中位数	企业总资产小于中位数	经营现金净流量占主营业务利润比例高于中位数的企业	经营现金净流量占主营业务利润比例低于中位数的企业
α_2	0.650 (8.564)***	1.224 (11.670)***	0.232 (2.632)***	0.552 (5.529)***
Adj R²	0.207	0.114	0.121	0.143
β_1	7.771 (31.299)***	5.006 (19.394)***	6.564 (20.229)***	7.369 (21.673)***
Adj R²	0.194	0.084	0.119	0.135
γ_2	1.523 (21.774)***	1.800 (20.453)***	0.963 (12.251)***	1.379 (15.818)***
Adj R²	0.104	0.093	0.047	0.076
每股收益的增量解释力	0.103	0.021	0.074	0.067
每股净值的增量解释力	0.013	0.030	0.002	0.008

注：括号内为 t 值，*** 表示 0.001 水平显著，** 表示 0.01 水平显著，* 表示 0.1 水平显著。

由表 5-5 可以看出，大企业每股收益的价值相关性较小企业大，其联合回归系数分别为 6.561 和 3.010，其单项回归系数分别为 7.771 和 5.006，其单项回归的调整后的判定系数分别为 0.194 和 0.084，每股收益的增量解释力分别为 0.103 和 0.021。但是，小企业的每股净值的相关性较大企业大，其联合回归系数分别为 1.224 和 0.650，其单项回归系数分别为 1.800 和 1.523，其增量解释力分别为 0.030 和 0.013。这与成熟资本市场类似，说明我国资本市场在该方面同样具有成熟资本市场的特征。

5.5.4 盈余的质量

企业盈余质量对价值相关性具有重大影响。由于企业的经营现金流量可进行可靠的计量，而应计项目的估算具有较大的主观性，其可靠性较差，因此，在企业的主营业务利润中，所含的经营现金流量越大，表示盈余的质量越高，反之则越差，我们预期企业的盈余质量越高，其价值相关性越大。为衡量盈余质量对价值相关性的影响，本书首先将主营业务利润为负的企业去掉，然后以经营现金流量除以主营业务利润作为衡量盈余质量的指标，以此指标的中位数作为临界点，比例大于该中位数的企业为高盈余质量企业，反之为低盈余质量企业，然后分别对这两类样本企业/年观测次数分别进行回归，回归结果见表 5-5。

由表 5-5 可以看出，与预期的正好相反，盈余质量高的企业其每股收益的价值相关性反而越小。从联合回归来看，高盈余质量每股收益的回归系数（6.046）小于低盈余质量的回归系数（6.168），其联合解释力（0.121）也小于低盈余质量的联合解释力（0.143）。对于该问题的更进一步的研究见本书第 7 章。

5.5.5 无形资产密集程度

无形资产密集程度同样会影响企业的价值相关性。由于现行的财务会计以历史成本的方法记账，因此财务报告不能反映企业的无形资产价值，如商誉等。Amir 和 Lev 的研究显示，未能在财务报表中反映的无形资产是引起历史成本财务会计信息价值相关性下降的原因之一。Collin 对成熟资本市场的研究显示，无形资产密集行业的每股收益具有较非无形资产密集行业更大的价值相关性。为检验企业无形资产对我国上市公司会计信息价值相关性的影响，本书采用 Collin（1997）的分类方法进行分类，将以下行业划分为无形资产密集行业：

（1）化纤与塑料（CSMAR 分类代码：C43，C49，C47，C4）；

（2）医药（CSMAR 分类代码：C8501，C81，C8）；

（3）计算机与办公设备（CSMAR 分类代码：G83，C78，G81，G87）；

(4) 电子元件 (CSMAR 分类代码: C51, C5);

(5) 通信 (CSMAR 分类代码: G8101, G85)。

除以上之外的行业为非无形资产密集行业。根据以上分类对价值相关性的研究结果如表 5-6 所示。

表 5-6 无形资产密集程度与企业增长潜力对价值相关性的影响

Ohlson 模型

$P_{it} = \alpha_0 + \alpha_1 eps_{it} + \alpha_2 bv_{it} + \varepsilon_{it}$ 式 (5-1)

$P_{it} = \beta_0 + \beta_1 eps_{it} + \varepsilon_{it}$ 式 (5-2)

$P_{it} = \gamma_0 + \gamma_2 bv_{it} + \varepsilon_{it}$ 式 (5-3)

回归系数 影响因素	无形资产密集程度对价值相关性的影响		企业增长潜力对价值相关性的影响	
	无形资产密集型企业	非无形资产密集型企业	高增长潜力企业	低增长潜力企业
观测次数	1755	6409	3352	3352
α_1	7.080 (12.165)***	4.531 (20.193)***	13.371 (25.490)***	2.014 (9.457)***
α_2	0.963 (6.615)***	0.400 (5.851)***	−0.374 (−3.835)***	0.315 (4.059)***
Adj R^2	0.164	0.112	0.199	0.061
β_1	8.910 (17.194)***	5.246 (27.799)***	12.198 (28.568)***	0.176 (14.225)***
Adj R^2	0.144	0.107	0.196	0.057
γ_2	1.805 (13.536)***	1.152 (19.474)***	1.075 (12.431)***	0.731 (11.267)***
Adj R^2	0.094	0.056	0.044	0.036
每股收益的增量解释力	0.07	0.058	0.155	0.025
每股净值的增量解释力	0.02	0.005	0.003	0.004

注: 括号内为 t 值, *** 表示 0.001 水平显著, ** 表示 0.01 水平显著, * 表示 0.1 水平显著。

由表 5-6 可以看出,在联合回归中,无形资产密集行业每股收益和每股净值的回归系数 (分别为 7.080 和 0.963) 较非无形资产密集行业每股收益和每股净值的回归系数 (分别为 4.531 和 0.400) 大,无论是联合回归还是单项回归,无形资产密集行业的解释力均高于非无形资产密集行业。这与成熟资本市场类似。

5.5.6 企业未来盈余的增长潜力

企业未来盈余增长状况会对上市公司价值相关性产生影响。Lyon 和 Schroeder（1992）运用市净率作为企业未来盈余增长指标将企业分为低增长和高增长两部分，发现低增长企业的会计信息具有较高增长企业大的价值相关性。Frank（2002）运用 Ohlson 模型对美国资本市场 6164~3843 个样本企业未来盈余增长潜力和会计信息价值相关性的关系进行了进一步研究，他运用多种衡量企业未来盈余增长的指标（如市盈率、市净率、盈余预测等）进行分析，发现企业的增长预期越高，会计信息的价值相关性就越小。限于本书的研究篇幅，本书仅对我国资本市场的这一问题进行简单的分析。

运用当年税后利润较上年利润的增长率作为衡量盈余增长的指标（假定投资者认为过去企业的利润增长在未来仍可持续下去），将样本企业/年观测次数划分为两部分，其中利润增长率大于中位数的企业为高增长企业，小于中位数的企业为低增长企业（假定投资者认为当年的盈余增长率可持续），对该两类企业的每股收益和每股净值与其对应的股票价格进行回归，得到表 5-6 所示的结果。

由表 5-6 可以看出，与成熟资本市场不同，我国高增长企业的会计信息价值相关性较高，其联合回归的调整后的判定系数（0.199）远高于低增长企业（0.061），从增量解释力上看，高增长企业的每股收益的增量解释力（0.155）远高于低增长企业（0.025）。但每股净值的增量解释力差异不大，这与成熟资本市场类似。

5.6 本章小结

通过对我国 1990~2003 年我国沪深两市 8179 个公司/年观测值的实证研究发现：

第一，我国上市企业价值相关性经历了一个下降—上升—下降—上升的过程，自 1999 年后，每股收益与每股净值的联合价值相关性、每股收益和每股净值各自的价值相关性以及每股净值的增量价值相关性均稳步上升。

第二，我国非主营业务利润占主营业务利润的比例经历了一个从上升到下降的过程，1996 年达到最大（47.4%），然后逐年下降，1998 年下降最为显著，由 1997 年的 36% 下降到 1998 年的 13.92，到 2002 年则下降到 3.2%，这说明我国会计信息质量自 1998 年起有明显的改善，也说明 1998 年 1 月 27 日我国财政部颁布的《股份有限公司会计制度》对会计信息质量的改进有明显的作用。

第三，与成熟资本市场完全相反的是，我国非主营业务利润的比例对价值相关性有显著正的影响，1996 年价值相关性的提高主要是非主营业务利润比例提高造成的，在我国证券市场并不十分有效的情况下，会计信息价值相关性的高低并不能反映我国会计信息对指导投资者进行投资决策的有用性大小。

第四，企业规模越大，每股收益的价值相关性就越高，而每股净值的价值相关性则相反，这与成熟资本市场的研究结果类似。

第五，企业的盈利或亏损对价值相关性具有显著影响。当企业利润为正时，每股收益具有更大的价值相关性，而利润为负时，每股净值具有更大的相关性,这与成熟资本市场类似。

第六,盈余质量对价值相关性具有显著影响。与预期相反,盈余质量高的企业其每股收益的价值相关性反而越小,这说明我国资本市场进行了错误的定价。

第七,无形资产密集行业的解释力均高于非无形资产密集行业。这与成熟资本市场类似。

第八,与成熟资本市场不同,我国高增长企业的会计信息价值相关性较高。但每股净值的增量解释力差异不大,这与成熟资本市场类似。

6 主营业务利润、非主营业务利润与价值相关性

根据第 5 章的研究结果，主营业务利润占企业税前利润总额的比例大小对我国上市公司的会计信息价值相关性产生重大影响，但由于我国资本市场的不成熟性，该因素对我国上市公司价值相关性的影响与成熟资本市场具有本质的不同，本章在第 5 章的研究基础上，对我国上市公司的主营业务利润、非主营业务利润的不同可持续性以及其对价值相关性的影响进行进一步研究。

6.1 文献回顾

企业的利润从总体上可分为主营业务利润和非主营业务利润两大部分，由于主营业务利润代表企业通过其可持续性的主营业务活动所获得的利润，因此又称为永久盈余（Permanent Earnings）。与主营业务利润相对应的是非主营业务利润，由于其来源于不可持续的非主营业务活动，其可持续性较差，故又称暂时盈余（Transitory Earnings），其大小易受企业管理当局的操纵。不同性质的两种利润是否会在股票价

格中有不同的反应？他们是否会有不同的价值相关性？成熟资本市场的研究表明，主营业务利润具有比非主营业务利润较大的价值相关性（Giner 和 Reverte，1999；Herrmann，Inoue 和 Thomas，2000，2001；Moffit J.和 Rai A.，2002），赵宇龙和王志台（1999）分别采用信息观下的事项研究法和计价观下的比较市盈率与主营业务比重的方法，对上交所1997~1998两个会计年度的293家样本企业的主营业务利润与非主营业务利润的价值相关性进行研究，发现我国证券市场不能识别会计盈余中的永久性部分和非永久性部分，股票价格只是机械地对名义 EPS 做出价格上的反应，不能识别 EPS 中永久盈余成分的经济含义，或者说我国证券市场存在"功能锁定"现象。在进行分组配对样本法检验时，也没有出现 EMH 所预期的市盈率与主营业务比重之间的正相关关系。刘星等（2001）对我国沪深两市1997~1999年271个样本采用同样的方法进行进一步检验，得出同样的结论。

在现有的境内外学者对主营业务利润和非主营业务利润对我国会计价值相关性影响的研究中我们可以看出，现有的国内学者对我国对主营业务利润和非主营业务利润对价值相关性影响的研究不仅样本量小，而且时间跨度较短，而 Shimin Chen 和 Yuetang Wang（2004）的研究虽然更进一步，但他们未能对其时间序列特征进行分析。我国上市公司主营业务利润和非主营业务利润是否具有不同的可持续性？他们的价值相关性的时间序列特征如何？随着我国资本市场的不断发展和相关法律法规的不断完善以及我国投资者的成熟，他们的价值相关性是否向成熟资本市场的方向靠拢？现有的研究中均未涉及这些问题，本章对这些问题进行了研究。

6.2 研究假设

我国采用多部式的方法编制利润表，由主营业务利润、营业利润、税前利润总额和净利润四个部分组成，其各项目清晰地反映了每项收入同费用支出之间的内在联系。我国上市公司主营业务利润和非主营业务利润是否具有不同的可持续性？他们的价值相关性的时间序列特征如何？随着我国资本市场的不断发展和相关法律法规的不断完善以及我国投资者的成熟，他们的价值相关性是否向成熟资本市场的方向靠拢？根据以上国内外研究的现状，本章提出以下研究假设：

假设1：我国上市公司主营业务利润具有较非主营业务利润高的可持续性和预测能力。

假设2：我国资本市场在早期不能识别主营业务利润比例大小对价值相关性的不同影响，但随着我国资本市场的发展和投资者投资理念的成熟，投资者在后期能够识别主营业务利润比例大小对价值相关性的不同影响，会计信息价值相关性逐步向成熟资本市场靠拢。

6.3 样本选取与研究方法

6.3.1 样本选取

由于1990年我国上市公司的数量较少,故选取1991~2003年沪深两市所有A股非金融类上市公司为研究对象,在分析主营业务利润比率对价值相关性的影响时则选取1992~2003年的沪深两市所有A股非金融类上市公司为研究对象。所有财务数据和股票价格数据来自深圳国泰安信信息技术有限公司开发的CSMAR数据库系统,本章选取所有有股票成交价格和每股收益、每股净值等相关财务数据的企业为研究对象。由于我国年报披露的截止日期为每年的4月30日,在该日所有上市公司的年报披露均报告完毕,因此本章选取每年该日的收盘价为计算依据,当该日为节假日而休市时,选取后一个交易日的股票收盘价格为计算依据。经过foxpro程序软件编程运算(主要用于计算与4月30日股票价格相对应的除权后的每股净值和每股收益)和SPSS软件统计分析计算,共获得8169个有效样本/年观测值,有关描述性统计量见表6-1。

表6-1 1991~2003年公司/年观测值描述性统计量

变量	平均值	中位数	最小值	最大值	标准偏差
股票价格(p_{it})	11.98	10.19	1.64	2108.24	29.21
每股收益(EPS_{it})	0.18	0.21	−11.00	8.39	0.38
每股主营业务利润($core_{it}$)	0.53	0.40	−1.81	15.40	0.63
每股非主营业务利润(one_{it})	0.066	0.045	−9.77	2.19	0.293

续表

变 量	平均值	中位数	最小值	最大值	标准偏差
每股税前利润	0.25	0.2539	−10.10	10.45	0.45
每股净资产（bv_{it}）	2.69	2.51	−8.5	139	2.32

注：有效观测次数为8179次，股票价格（p_{it}）为企业i在第t年年报公布之后的4月30日的股票收盘价格，每股收益eps_{it}表示企业i在第t年期间的每股收益，每股主营业务利润（$core_{it}$）表示企业i在第t年期间的每股主营业务利润（CSMAR利润表第17项），每股非主营业务利润（one_{it}）表示企业i在第t年期间的每股非主营业务利润［其他业务利润（CSMAR利润表18项）−存货跌价损失（CSMAR利润表19项）+投资收益（CSMAR利润表22项）+期货损益（CSMAR利润表23项）+补贴收入（CSMAR利润表24项）+营业外收入（CSMAR利润表25项）−营业外支出（CSMAR利润表26项）］，每股税前利润表示企业i在第t年末的每股税前利润，每股净资产bv_{it}表示企业i在第t年末的每股净资产。

由表6-1可以看出，无论是平均值还是中位数，我国上市公司每股非主营业务利润远小于主营业务利润，这与成熟证券市场的情况十分相似。

6.3.2 研究方法

为了解不同性质利润的可持续性和预测能力，本章采用以下回归模型计算不同性质利润的可持续性及预测能力：

$$Profit_{it+T} = \omega_0 + \omega_1 Profit_{it} + \varepsilon \qquad 式（6-1）$$

式中，$Profit_{it+T}$表示企业i在第t+T年的主营业务利润或非主营业务利润，$Profit_{it}$表示企业i在第t年的主营业务利润或非主营业务利润。通过对这两种不同性质利润的回归而得到不同的回归系数和判定系数，其回归系数和判定系数越大，则该种类利润的可持续性和预测能力就越高。本章仅采用Ohlson模型的线性形式［见第4章式（4-12）］进行研究。

为了解主营业务利润比例对价值相关性的影响，可将按照主营业务利润/税前利润总额的比例大小将其按从低到高的顺序排列进行比较，当税前利润总额为正时，该值越大表示主营业务利润占税前利润总额的比例就越高，但是，当税前利润总额为负数时，该比例高低不能反应主营业务利润所占的真正比例。例如，有两个企业，其中一个主营业务利润和税前利润总额分别为-10和-1，另一个分别为10和1，按该比例计算的此两个企业的主营业务利润占税前税前利润总额的比例大小是一样的（均为10倍），而实际上第一个企业的主营业务利润远小于其税前利润总额。为克服此比例指标的缺陷，本章采用主营业务利润减去税前利润后除以税前利润总额绝对值的方法来比较其比例大小，即：

主营业务利润比率 = (主营业务利润 − 税前利润总额)/|税前利润总额|

$$= \begin{cases} \dfrac{主营业务利润}{税前利润总额} - 1 & 当税前利润总额 > 0 \\ -\dfrac{主营业务利润}{税前利润总额} + 1 & 当税前利润总额 < 0 \end{cases}$$

为检验主营业务利润比率大小对股票价值相关性的影响，本章采用设置虚拟变量的方法，按照主营业务利润比率的大小，将观测值分为两部分，当主营业务利润比率大于其中位数时，D设为1，反之设为0，并建立以下Ohlson模型回归方程：

$$P_{it} = \alpha_0 + \alpha_1 D + \alpha_2 [eps_{it}] + \alpha_3 [D*eps_{it}] + \alpha_4 [bv_{it}] + \alpha_5 [D*bv_{it}] + \varepsilon_{it}$$

式 (6-2)

式中，P_{it}为企业i在第t年年报公布之后的4月30日的股票收盘价格；D为虚拟变量；eps_{it}为企业i在第t年期间的每股收益；bv_{it}为企业i在第t年末的每股净资产；ε_{it}为随机误差项。

通过比较分析运用该模型计算出的eps、D*eps、bv、D*bv的回归系数的大小不同，可判断出主营业务利润比率大小对价值相关性影响的结论。

6 主营业务利润、非主营业务利润与价值相关性

6.4 回归结果与分析

6.4.1 主营业务利润与非主营业务利润的可持续性的研究结果与分析

根据模型（6-1）可得表 6-2 的回归结果：

表 6-2 主营业务利润与非主营业务利润的可持续性及其预测能力

	回归方程：$Profit_{it+T} = \omega_0 + \omega_1 Profit_{it} + \varepsilon$											
	T = 1 (n = 6745)		T = 2 (n = 5593)		T = 3 (n = 4521)		T = 4 (n = 3498)		T = 5 (n = 2665)		T = 6 (n = 1893)	
	ω_1	AdjR²	ω_1	AdjR²	ω_1	AdjR²	ω_1	AdjR²	ω_1	AdjR²	ω_1	AdjR²
MOI	1.145	0.955	1.262	0.732	1.301	0.626	1.283	0.480	1.364	0.370	1.277	0.207
BI	0.676	0.348	0.654	0.268	0.638	0.222	0.587	0.154	0.578	0.130	0.709	0.139

注：这里 $Profit_{it+T}$ 表示企业 i 在第 t+T 年的主营业务利润或非主营业务利润，$Profit_{it}$ 表示企业 i 在第 t 年的主营业务利润或非主营业务利润，n 表示观测次数，T = 1 表示第 t+1 年与第 t 年的回归结果，T = 2 表示第 t+2 年与第 t 年的回归结果，依此类推。ω_1 表示 $profit_{it}$ 的回归系数，MOI 表示主营业务利润（CSMAR 利润表第 17 项），BI 表示非主营业务利润 [其他业务利润（CSMAR 利润表 18 项）- 存货跌价损失（CSMAR 利润表 19 项）+ 投资收益（CSMAR 利润表 22 项）+ 期货损益（CSMAR 利润表 23 项）+ 补贴收入（CSMAR 利润表 24 项）+ 营业外收入（CSMAR 利润表 25 项）- 营业外支出（CSMAR 利润表 26 项）]。

由表 6-2 可以看出，无论是对未来 1 年还是对未来 6 年，主营业务利润的回归系数和调整后的判定系数均远高于非主营业务利润的，因此，主营业务利润的可持续性和预测能力均高于非主营业务利润。而且，随着预测年限的增大，无论是主营业务利润还是非主营业务利润，其回归后的调整后的判定系数呈稳步的下降趋势，但非主营业务利润的调整后的判定系数均低于主营业务利润的。例如，对未来 1 年进行预测时，主营业务利润的判定系数为 0.955，非主营业务利润的判

定系数为 0.348，而对未来 6 年进行预测时，主营业务利润为 0.207，而非主营业务利润为 0.139，可见二者的预测能力均呈下降趋势，但主营业务利润的预测能力始终高于非主营业务利润的。因此，以上结果不仅证明了我国会计不同盈利信息的预测能力和有用性，也证明了假设 1 的正确性。

6.4.2 主营业务利润占税前利润总额比率大小对会计信息价值相关性影响的回归结果与分析

根据模型（6-2）可得表 6-3 的回归结果：

表 6-3 主营业务利润比率对价值相关性影响的回归结果

		$P_{it} = \alpha_0 + \alpha_1 D + \alpha_2 [eps_{it}] + \alpha_3 [D*eps_{it}] + \alpha_4 [bv_{it}] + \alpha_5 [D*bv_{it}] + \varepsilon_{it}$				
年份	N	α_2	α_3	α_4	α_5	Adj R²
混合回归 1992~2003 年	8164	10.639 (23.601)***	−7.890 (−15.167)***	0.372 (3.717)***	0.277 (2.163)*	0.151
1992	50	12.111 (2.263)*	3.84 (0.467)	6.509 (3.55)***	−2.29 (−0.802)	0.303
1993	155	0.171 (0.075)	3.698 (1.257)	1.600 (2.612)**	−0.450 (−0.609)	0.207
1994	282	7.90 (3.248)**	−6.363 (−2.213)*	0.479 (0.873)	0.669 (0.901)	0.146
1995	302	9.270 (5.503)***	−3.528 (−1.876)*	0.219 (0.541)	−0.224 (−0.413)	0.292
1996	505	25.005 (12.869)***	−10.364 (−4.711)***	0.865 (1.835)*	1.235 (1.864)*	0.605
1997	702	19.061 (9.862)***	−5.049 (−2.354)*	0.0730 (0.192)	0.129 (0.260)	0.437
1998	802	9.612 (11.232)***	−6.374 (−6.103)***	0.0315 (0.140)	0.332 (0.967)	0.269
1999	852	18.128 (7.440)***	−14.455 (−5.211)***	−0.806 (−1.772)*	2.091 (3.286)**	0.136
2000	1038	8.082 (5.143)***	−3.366 (1.818)*	1.093 (4.830)***	−0.483 (−1.333)	0.144
2001	1090	1.543 (2.967)**	2.733 (2.981)**	0.999 (6.391)***	−0.219 (−0.967)	0.164

续表

		$P_{it} = \alpha_0 + \alpha_1 D + \alpha_2 [eps_{it}] + \alpha_3 [D*eps_{it}] + \alpha_4 [bv_{it}] + \alpha_5 [D*bv_{it}] + \varepsilon_{it}$				
年份	N	α_2	α_3	α_4	α_5	Adj R^2
2002	1150	0.665 (2.25)*	9.032 (8.828)***	0.844 (7.472)***	−0.344 (−2.010)*	0.222
2003	1236	1.942 (7.42)***	5.166 (6.890)***	0.858 (10.081)***	−0.363 (−2.770)**	0.347

注：括号内为 t 值，*** 表示 0.001 水平显著（双尾），** 表示 0.01 水平显著（双尾），* 表示 0.1 水平显著（双尾），P_{it} 表示企业 i 在第 t 年年报公布之后的 4 月 30 日（第 t+1 年）的股票收盘价格，eps_{it} 表示企业 i 在第 t 年期间的每股收益，bv_{it} 表示企业 i 在第 t 年末的每股净资产，D 为虚拟变量，当主营业务利润比率大于其中位数时，D 设为 1，反之设为 0，这里主营业务利润比率=主营业务利润/|税前利润总额|，N 表示样本企业年观测次数，$\alpha_2 \sim \alpha_5$ 分别表示 EPS、D*EPS、ASSET、D*ASSET 的回归系数，ε_{it} 表示误差项。

由表 6-3 可以看出，从混合回归情况来看，D*eps 的回归系数远小于 eps 的回归系数且为负值，其 t 值均显著，这说明从总体上看，我国资本市场不仅不能区分主营业务利润和非主营业务利润对股票价格相关性的不同影响，而且对股票价格进行的错误的定价，与成熟资本市场的定价特征正好相反。从分年度回归情况来看，除 1992~1993 年主营业务利润占税前利润总额比例的大小对每股收益的影响不显著外，其他年份该比例大小均对每股收益的价值相关性产生显著影响。自 1993~2000 年，D*eps 的回归系数不仅没有如期待的那样大于每股收益（EPS）的回归系数，而且是远小于 eps 的回归系数且为负值，这说明主营业务利润的比例越高，每股收益的价值相关性反而越小。我们还观察到，1999 年会计信息价值价值相关性最小（Adj R^2 为 0.136）的那一年也是主营业务利润相关性最小的一年（其 D*eps 的回归系数为−14.455），而 1996 年会计信息价值相关性最大（Adj R^2 为 0.605）的那一年同时也是主营业务利润相关性最小的一年（其 D*eps 的回归系数为−10.364）之一（由于 1996 年的股票价格实际上是 1997 年 4 月 30 日的股票价格，因此可以说是 1997 年的会计价值相关性最大，下同），其中每股收益的回归系数和 D*eps 的回归系数的差为历年之中最大的。自 2001 年起，D*eps 的回归系数高于 eps 的回归系数，这说明自 2001 年起我国上市公司主营业务利润的价值相关性高于非主营业务利润，因此我国资本市场自 2001 年起已开始纠正了以往错误的定价模式，回到了正确的定价轨道上来，开始具有成熟资本市场的定价特征，因此，假设 2 得到了验证。由表 6-3 还可以看到，主营业务利润比率对每股净值的影响除 1996 年、1999 年、2002 年、2003 年外，其他年份均不显著。1996 年和 1999 年该主营业务利润比率对每股净值有显著正的影响，这说明投资者过于关注非主营业务利润以致主营业务利润比率高的企业的净资产的相关性较大，而 2002~2003 年该比率对每股净值有显著负的影响，这说明投资者过于关注主营业务利润以致主营业务利润比率高的企业的净资产的价值相关性较小。

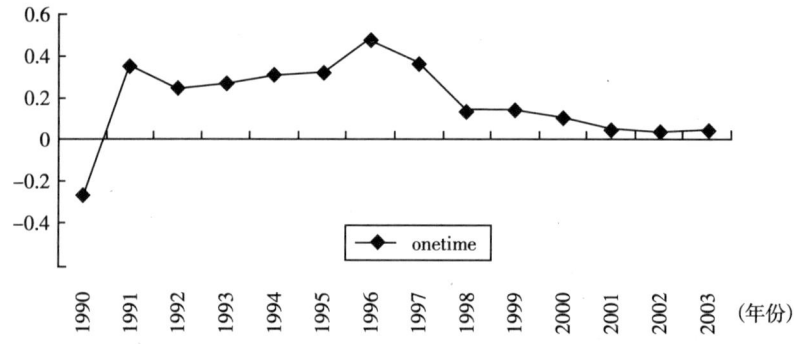

图 6-1　我国上市公司每年非主营业务利润占主营业务利润比例的平均数

注：onetime 表示每年非主营业务利润占主营业务利润比例的平均数。
资料来源：根据 CSMAR 数据库分析计算绘制。

之所以在 2001 年前我国资本市场对股票价格进行了错误的定价，笔者认为可能是以下原因造成的：

6.4.2.1　会计法、证券交易法等法律法规的不健全和不完善

我国《会计法》最初制定于 1985 年并于 1993 年进行了修订，但 1993 年修订的会计法没有要求单位的负责人对会计违法性失真承担责任，这直接或间接地导致了 1999 年前我国会计信息违法性失真愈演愈

烈。据吴联生（2001）的研究，自 1993 年起，我国每年审计出的总体违纪金额占当年国民生产总值的比例呈上升趋势，到 1998 年达到顶点，当年估计的总体违纪金额竟达到当年国民生产总值的 3 倍！在会计法不完善的情况下，由于上市公司经营者面临着提高企业利润的巨大内部动机和外部压力，经营者往往选择增大非主营业务利润的方法来提高利润，加之我国在 1999 年前没有证券法对内部交易、市场操纵等行为进行明确的禁止和相应的惩罚条款，这就为一些庄股利用会计信息（甚至和上市公司一起联手操纵会计利润）炒作股票创造了条件。由图 6-1 可以看出，我国上市公司非主营业务利润占主营业务利润比例的年平均数经历了一个从上升到下降的过程，1991~1999 年该比例较高，1996 年达到最大，其平均比例为 47.4%，然后逐年下降，到 2002 年下降为最低点 3.2%。

6.4.2.2 我国投资者的非理性行为严重

在资本市场发展的早期，我国中小投资者的投资行为不够成熟，在其他信息的相对缺乏的情况下，投资者更多地依靠会计信息进行投资决策，而中小投资者会计知识的缺乏使他们不能区分不同会计信息（特别是不同的盈余信息）对股票内在价值的影响。加上我国投资者在早期以中小投资者为主，他们资金小且分散，而庄股凭借资金、信息等方面的优势，随意炒作股票而获取高额利润，往往使中小投资者步入其精心设置的陷阱。

实际上，自 1999 年我国上市公司主营业务利润的价值相关性达到最小之后便开始逐年上升，由表 6-3 可以看出 D*eps 的回归系数自 1999 年起逐年变大，2001 年起 D*eps 的回归系数大于 eps 的回归系数。笔者认为可能是以下原因造成的。

第一，1999 年 7 月 1 日我国证券交易法和 2000 年 7 月 1 日我国新的会计法的颁布施行。1999 年我国对会计法在会计信息违法性失真的责任安排方面进行了较大的改变，明确规定单位负责人对会计信息的真实性负责，并规定了对会计信息违法性失真责任人较为严厉的惩罚力度，该法的实施有效地抑制了上市公司随意操纵利润的行为。我国《证券法》从立法高度对内幕交易、操纵市场等行为作出了明确的禁止并规定了相应的惩罚条款，使大户操纵市场的行为受到了抑制，有效地保护了投资者特别是公众投资者的利益。曾几何时，"机构"一词在证券市场上甚至不是一个中性词，它往往成为"庄家"的代名词。至2004年，万国、中经开、南方、汉唐、闽发、大鹏等靠"坐庄"为生的券商或被接管或被清盘，这些机构投资者的陨落，并不表示中国股市不需要机构投资者，而恰恰证明股市对理性机构投资者的渴望。随着我国相关法律的完善，庄股操纵市场的时代已经成为历史了。

第二，我国机构投资者的发展壮大以及投资者投资行为的成熟、投资理念的变化。当投资者多次吃亏之后，他们就会逐步变得聪明起来。另外，随着我国开放式基金的出现和逐年增多以及合格境外投资者（QFII）的引入，投资者的投资理念也发生了变化，他们更加关注股票的内在投资价值而不是短期炒作。至2004年，上证180指数样本股的成交额超过全部股票成交额的一半以上，上证50指数样本股成交额又占上证180指数的近60%，资金正毫不犹豫地向蓝筹股集中，公司研究被机构投资者空前重视，价值投资终于成为我国股市投资的主旋律。

第三，我国会计准则的完善和实施。2001年，我国《企业会计制度》正式实施，这次企业会计核算制度的改革就深度而言远远超过了1993年的改革，实现了与国际会计惯例的充分协调（刘玉廷，2001）。由于国际会计准则以投资者决策有用观为导向，因此，向国际会计准则靠拢的我国会计准则更有利于投资者根据会计信息来评估企业的投资价值。

6.5 本章小结

本章对以下问题进行了研究：

（1）对我国上市公司的主营业务利润和非主营业务利润的不同可持续性进行了比较。结果发现，我国上市公司主营业务利润的可持续性和预测能力均高于非主营业务利润。

（2）对我国 1991~2003 年沪深两市所有 A 股上市公司的主营业务和非主营业务利润对价值相关性的影响进行了时间序列分析，结果发现，2002 年前我国资本市场不能识别这两种不同性质的利润并进行了错误的定价，2002 年起我国资本市场对这种错误的定价模式进行了纠正。

（3）对非主营业务利润占主营业务利润的比例的变动趋势进行了分析，结果发现，我国上市公司非主营业务占主营业务利润的比例在 1991 年到 1999 年较高，1996 年达到最大，然后逐年下降，到 2002 年下降到 3.2%。

（4）对早期我国资本市场不能识别主营业务利润和非主营业务利润不同可持续性的原因以及错误定价模式的原因进行了分析。笔者认为，造成这种状况的原因可能是早期我国相关法律法规的不健全、不完善以及我国中小投资者投资行为不够成熟造成的。而 2002~2004 年我国资本市场走向成熟是我国法律法规的完善、机构投资者的壮大、投资理念的变化以及会计准则的改进等多种原因引起的。

7 经营现金流量、应计项目与价值相关性

企业利润可分为主营业务利润和非主营业务利润两部分，而主营业务利润又可划分为经营活动现金流量和应计项目两部分。第 6 章研究了主营业务利润和非主营业务利润的不同可持续性及其对价值性的影响，本章运用 Ohlson 模型的线性形式对主营业务利润中的经营现金流量和应计项目的不同可持续性及其对价值相关性的影响进行进一步研究。

7.1 文献回顾

会计作为一个信息系统，提供决策有用的信息是其主要目标。但是，会计提供的信息必须符合会计信息的质量特征。在会计信息的质量特征中，可靠性与相关性是决策有用性的最主要质量特征，相关性和可靠性均最大当然符合使用者的决策需要，但在很多情况下，两者存在此长彼消的矛盾，如何取舍是一个两难问题。不难理解，为了提高会计信息的有用性，不少研究者和会计准则的制定者呼吁把相关性

强但可靠性较低的会计信息加入到会计报表中（Lev 和 Sougiannis，1996），但另一些学者指出（Watts，2003），强调相关性而忽略可靠性将付出昂贵的代价，其最终结果将是会计信息有用性的降低。

按照企业盈余的性质，企业财务报告中的盈余可划分为经营活动现金流量和应计项目两部分。其中，企业的经营活动现金流量可进行可靠的计量，因此其计量的准确度较高，而应计项目的估算则具有较大的主观性，其可靠性较差。由于企业盈余中应计项目的可靠性较差，因此可以推测其可持续性也应较可靠性强的经营现金流差。Sloan（1996）首先对盈余中的经营现金流量和应计项目的不同可持续性进行了实证研究，结果发现，经营现金流量具有较应计项目强的可持续性，但投资者不能区分这两种持续性不同的利润。Sloan（1996）认为，由于应计项目的计量具有较大的主观性，从而造成应计项目的可持续性较差。由于 Sloan 运用 Healy（1985）对应计项目的定义进行研究，而该应计项目的计算只考虑到因流动资产年变动额而引起的盈余，Sloan 的研究不仅具有片面性，而且未能对应计项目的不同组成的不同可持续性进行研究。Richardson 等（2005）在 Sloan 的研究基础上，对应计项目进行了严格的数学推导，导出了能考虑流动资产、固定资产和其他长期资产以及负债年变动额而引起盈余年变动额的应计项目模型，同时，对应计项目进行了分解，对可靠性不同的应计项目的不同可持续性进行了研究，发现应计项目的可靠性越强，其可持续性就越强，同时 Richardson 等（2005）还发现，资本市场对不同的应计项目进行了错误的定价，运用可持续性不同的应计项目的投资策略可获得超额投资回报。Richardson 等的研究结论不仅进一步证明了 Sloan 研究结论的正确性，而且证明了把可靠性差的应计项目加入到盈余中会导致更多的计量误差，因此，降低会计信息可靠性的标准会导致会计信息有用性的降低，但 Richardson 等在对应计项目价值相关性研究时运用的是报酬价格模型。

Sloan 和 Richardson 的研究数据来自成熟的资本市场，作为我国新型的资本市场的上市公司的情形又怎么样？本章在借鉴 Sloan 和 Richardson 研究方法的基础上进行了改进，结合我国上市公司的具体情况，将应计项目进行了更为具体的划分，对不同盈余组成的不同可靠性对盈余可持续性的影响进行了研究，同时，本章还运用 Ohlson 模型的线性形式对我国资本市场的利润不同组成的价值相关性进行了研究。此外，Sloan 和 Richardson 的研究缺乏时间序列数据，本书克服 Sloan 和 Richardson 研究的不足，对我国资本市场的时间序列特征进行了分析。

7.2 研究假设

盈余的可靠性是指会计信息所使用的计量方法以及计量结果能够无偏和准确无误地确保它所要表达的盈余信息。可验证性和真实性代表着可靠性的最主要的质量特征。会计信息的可靠性涵盖了两个层次的考虑，即单个会计数据的可靠性和一系列会计数据经过会计人员的主观判断、分析、综合、加工汇总之后的、反映在财务报表上的单一、仿佛十分精确的项目的可靠性。假定单个会计数据正确无误，则盈余的可靠性则取决于会计人员的主观判断。可见，由于会计估算的主观性，导致了会计计量可靠性的不同，会计估算的主观性越大，其可靠性就越低。本章研究的盈余可靠性是指假定在单个会计数据正确无误的情况下，由于会计人员主观判断的不同而引起的不同可靠性。

从盈余的时间序列角度考虑，盈余的可持续性是指当期盈余影响未来盈余的时间长度及稳定程度。本章仅考察本期盈余对下期盈余的影响程度,用当期盈余和下期盈余进行回归,回归系数越大,表示该盈余的可持续性越强。假定企业在某一时期的真实盈余为 E^*,在完全竞争的市场环境下,企业的资产利润率会逐步向平均资产利润率靠拢,因此,企业在第 t+1 期的盈余与第 t 期的盈余存在以下线性关系(这里等式两边同除以总资产):

$$E^*_{t+1} = \gamma E^*_t + \varepsilon_{t+1} \qquad 式(7-1)$$

这里,$0 < \gamma < 1$,γ 越大表示企业盈余的可持续性越强,企业之间的竞争越激烈。由于企业的总盈余由现金盈余和应计项目两部分组成,假定企业的现金盈余为 C,企业的真正应计项目为 A^*,则有:

$$E^* = A^* + C \qquad 式(7-2)$$

因此,式(7-1)又可表示为:

$$E^*_{t+1} = \gamma C_t + \gamma A^*_t + \varepsilon_{t+1} \qquad 式(7-3)$$

假定 A 表示会计实务中会计人员估算出的应计项目,e 表示估算误差。会计人员既可能高估应计项目,也可能低估应计项目,因此 e 的平均值为零,会计人员估算的应计项目 A 与真实应计项目 A^* 的关系如下:

$$A = A^* + e \qquad 式(7-4)$$

由式(7-4)得:

$$A^* = A - e \qquad 式(7-5)$$

将式(7-5)代入(7-2)得:

$$E^* = A + C - e = E - e \qquad 式(7-6)$$

将式(7-5)、式(7-6)代入式(7-2)得:

$$E_{t+1} = \gamma C_t + \gamma A_t + \omega_{t+1} \qquad 式(7-7)$$

式中,$\omega_{t+1} = \varepsilon_{t+1} + e_{t+1} - \gamma e_t$,由于 ω_{t+1} 和 A_t 中均含有 e_t,因此式(7-7)中对 C_t 和 A_t 的回归系数 γ_C 和 γ_A 的估计就是对 γ 的有偏估计,

Griliches 和 Ringstad（1971）的研究表明，他们之间存在以下关系：

$$\gamma_A - \gamma = \frac{-\gamma \frac{\mathrm{Var}(e)}{\mathrm{Var}(A)}}{1-\rho_{C,A}^2} \qquad 式（7-8）$$

$$\gamma_C - \gamma = -\rho_{C,A}(\gamma_A - \gamma) \qquad 式（7-9）$$

式（7-8）、式（7-9）中 Var(e) 和 Var(A) 分别表示 e 和 A 的方差，$\rho_{C,A}$ 表示 C 和 A 的相关系数。由式（7-8）和式（7-9）可得：

$$\gamma_C - \gamma_A = \frac{\gamma (\rho_{C,A}+1)\frac{\mathrm{Var}(e)}{\mathrm{Var}(A)}}{1-\rho_{C,A}^2} \qquad 式（7-10）$$

由于 $0<\gamma<1$，$-1<\rho_{C,A}<1$，Var(e)/Var(A) >0，$\rho_{C,A}+1>0$，$1-\rho_{C,A}^2>0$，因此 $\gamma_C-\gamma_A>0$，$\gamma_C>\gamma_A$，于是得出本章的第一个研究假设：

假设 1：现金盈余的可靠性大于应计项目的可靠性，现金盈余的回归系数大于应计项目的回归系数，现金盈余的可持续性高于应计项目的可持续性。

由式（7-8）可得：

$$\gamma_A = \gamma \left[1 - \frac{\frac{\mathrm{Var}(e)}{\mathrm{Var}(A)}}{1-\rho_{C,A}^2}\right] \qquad 式（7-11）$$

由于 $0<\gamma<1$，因此，Var(e)/Var(A) 越大，γ_A 越小，或者说，应计项目的误差 Var(e) 越大，其可靠性就越差，因此其回归系数越小。于是得出本章的第二个研究假设：

假设 2：应计项目估算的误差越大，可靠性越差，其回归系数越小，可持续性也越差。

由于可靠性越强的盈余，其可持续性就越高，因此其价值相关性也就越高，于是我们提出第三个研究假设：

假设 3：可持续性越强的盈余价值相关性也越大，现金盈余的相关性大于应计项目，应计项目的可持续性越强，其相关性越大。

7.3 样本与数据来源

由于我国 1998 年才开始披露现金流量表，为了准确计算现金盈余，故选取 1998~2004 年沪深两市所有 A 股非金融类上市公司为研究对象，所有财务数据和股票价格数据来自深圳国泰安信信息技术有限公司开发的 CSMAR 数据库系统。为避免异方差，所有盈余项目均除以年平均资产总额。在比较现金盈余与应计项目的可持续性时共有 5389 个样本企业/年观测次数。Hribar 和 Collins（2002）指出，运用资产负债表法计算应计项目时可能产生计量误差，特别是在公司合并和收购的情况下，因此删除了绝对值大于 1 的应计项目。

7.4 应计项目的定义、分类以及可靠性分析

7.4.1 应计项目的定义

Sloan（1996）运用 Healy（1985）的方法对应计项目进行了计算，应计项目的计算公式如下：

应计项目 =（Δ 流动资产 − Δ 现金）−（Δ 短期负债 − 短期金融负债 − Δ 应付所得税）− 折旧和摊销费用

可以看出，这种应计项目的计算方法没有考虑因固定资产、长期

投资、其他长期资产以及短期金融负债、长期负债的年变动额而引起的应计项目。事实上，这些没有考虑到的应计项目是应计项目的重要组成部分。例如，导致世通公司破产的丑闻是该公司为了达到迅速提高利润的目的，将39亿美元本该费用化的支出予以资本化。因此，以往运用Healy（1985）的方法对应计项目的计算不仅具有片面性，而且不能对应计项目的组成进一步分解。在这种情况下，Richardson（2005）以收付实现制现金盈余为起点，对权责发生制应计项目的计算进行了重新推导，其推导过程如下：

当人们不使用权责发生制而使用收付实现制进行会计核算时，资产负债表的资产方将只存在现金资产账户，此时存在以下等式关系：

现金制净资产 = 现金 = 现金制所有者权益

运用现金收付实现制进行盈余核算时，现金制盈余与资产负债表的关系如下：

现金制盈余 = 现金制所有者权益的年变动额 + 支付给所有者的现金 = 现金的年变动额 + 支付给所有者的现金

在权责发生制情况下，企业的总盈余与资产负债表的关系如下：

总盈余 = 所有者权益的年变动额 + 支付给所有者的现金

  = 净资产的年变动额 + 支付给所有者的现金

  = 资产的年变动额 – 负债的年变动额

   + 支付给所有者的现金

由于应计项目为总盈余与现金制盈余的差额，因此应计项目与资产负债表的关系可推导如下：

应计项目 = 总盈余 – 现金制盈余

  =非现金资产的年变动额–负债的年变动额

上式就是总盈余中应计项目的计算公式。由上式可以看出，该应计项目与Healy（1985）对应计项目的定义有很大不同。首先，该应计项目不仅包括流动资产的年变动额，而且包括非流动资产的年变动额，如固定资产等。Healy（1985）对应计项目的定义中仅包含流动资产的年变动额而忽略了非流动资产的年变动额。其次，该应计项目包含了因负债年变动额而引发的应计项目，如或有负债、应计费用、银行借款等。最后，该应计项目还包含金融资产年变动额而引起的应计项目，如短期投资、长期投资。

7.4.2 应计项目的分类及可靠性分析

根据以上对应计项目的推算公式，可将应计项目按以下不同的方法进行分类。

7.4.2.1 按照流动资产、非流动资产和短期负债、长期负债划分

Richardson 仅对净流动性资产、净非流动性资产、净金融资产产生的应计项目的不同可靠性进行了比较，而未对资产之间和负债之间的不同可靠性进行比较研究。与 Richardson 不同的是，本章首先按照资产负债表的结构对应计项目进行分类，应计项目可分为非现金流动资产的年变动额、非流动资产的年变动额以及流动负债的年变动额和长期负债的年变动额四种应计项目。

$$应计项目 = \Delta COA + \Delta NCOA - \Delta COL - \Delta NCOL \quad\quad 式（7-12）$$

式中，ΔCOA 表示除现金之外流动资产的年变动额（用第 t 年年末的数据减第 t-1 年年末的数据表示，下同），$\Delta NCOA$ 表示非流动资产的年变动额，ΔCOL 表示短期负债的年变动额，$\Delta NCOL$ 表示长期负债的年变动额。

对应计项目估算的时间越长，其不确定性和主观性就越大，因此其可靠性就越低。由于流动资产指在一年内或超过一年的一个营业周内能够变现的资产，而长期资产的变现时间要在一年以上，因此，对

流动资产年变动额引起的应计项目估计的准确程度应较长期资产高，或者说，流动资产年变动额的应计项目的可靠性较长期资产的强。例如，固定资产折旧的计提年限达数十年，其未来的使用年限和残余价值都无法进行准确估计，固定资产折旧年限的长短、折旧方法的选择、残余价值的估计均带有很大的主观性。同理，短期负债的偿还期限较短，其未来不确定性较小，而长期负债的偿还期限较长，其未来不确定性较大，因此其计量的可靠性较短期负债差。例如，企业长期应付债券引起的应计项目的估算涉及计提利息以及债券折价溢价的摊销，这些都有很大的不确定性，企业未来经营状况不佳、破产、清算、重组等原因都可能导致企业无法偿清债务，从而导致负债不能可靠计量。

7.4.2.2 按照净流动资产、净非流动资产和净金融资产进行划分

按照这种应计项目的划分方法，应计项目划分为净流动资产变动引起的应计项目、净非流动资产变动引起的应计项目和净金融资产变动引起的应计项目三部分，假定 ΔWC 表示净流动资产的变动额，ΔNCO 表示经非流动资产的年变动额，ΔFIN 表示净金融资产的年变动额，则应计项目可表示为：

$$应计项目 = \Delta WC + \Delta NCO + \Delta FIN \qquad 式（7-13）$$

式（7-13）中的第一部分 ΔWC 表示净除现金和短期投资外流动资产的年变动额，减去短期非金融负债的年变动额，这里短期非金融负债是指流动负债减去短期银行借款；ΔWC 可划分为流动资产的变动额和非金融资产的变动额两部分，用以下等式表示：

$$\Delta WC = \Delta COA - \Delta COL$$

式中，ΔCOA 表示除现金、短期投资外的流动资产的变动，主要有应收账款和存货，显然，应收账款引起的应计项目涉及对坏账损失的估计，具有很大不确定性，而存货引起的应计项目主要涉及运用不同方法（如先进先出法、后进先出法等）对存货余额进行估计，不同

的估计会得出不同的成本，从而影响利润的高低。ΔCOL 表示短期非金融负债，即除银行借款以外的其他短期负债，主要由应付账款组成。相对于应收账款和存货，应付账款计量的可靠性较高。ΔWC 中的应计项目构成了 Sloan 所研究的应计项目的绝大部分，显然，该应计未能考虑到固定资产、无形资产等长期资产所引起的应计项目，具有很大的片面性。

式（7-13）中的第二项 ΔNCO 表示净非流动资产年变动额引起的应计项目，即非流动资产的年变动额减去长期非金融负债的年变动额，可用下式表示：

$$\Delta NCO = \Delta NCOA - \Delta NCOL$$

其中，ΔNCOA 表示非流动资产的年变动额，其中非流动资产指总资产减流动资产和长期投资，主要包括固定资产和无形资产，由于固定资产的折旧和无形资产的摊销涉及的年限较长（固定资产的计提折旧年限可能长达数十年），特别是固定资产的使用年限和折余价值更难估计，因此非流动资产引起的应计项目具有较大的主观性。ΔNCOL 表示长期非金融负债年变动额引起的应计项目，其中长期非金融负债为长期负债减长期借款和长期应付债券后的余额，主要包括长期应付款、递延税款等。相对于短期非金融负债而言，长期非金融负债引起的应计项目的主观性较大。

式（7-13）中的第三部分 ΔFIN 为净金融资产引起的应计项目，其中净金融资产指金融资产减金融负债，金融资产由短期投资和长期投资两部分组成，金融负债包括长期和短期银行借款以及应付债券。具体而言，净金融资产的变动引起的应计项目由以下三部分组成，可用下式表示：

$$\Delta FIN = \Delta STI + \Delta LTI - \Delta FINL$$

其中，ΔSTI 表示短期投资变动引起的应计项目，其中短期投资包括短期股权投资和短期债券投资；ΔLTI 表示长期投资变动引起的应计项目，其中长期投资包括长期股权投资和长期债权投资；ΔFINL 表示经融负债变动引起的应计项目。在成熟的资本市场，由于短期投资和长期投资的大小可用资本市场上的资产价格准确计量，因此其可靠性较强。Richardson 等（2005）对美国的研究显示，金融资产的可靠性是最高的。由于我国资本市场处于发展的初期，股票价格波动较大，且很多企业没有上市，因此对于投资于未上市企业的长期投资尚不能用资本市场的市场价格进行计量，故因金融资产年变动额而引起的应计项目的可靠性的高低尚需进行实证的检验。

7.4.2.3 对应计项目的进一步划分

为进一步了解应计项目可靠性对盈余可持续性的影响，现对因资产和负债年变动额引起的应计项目进一步划分。将资产年变动额项目划分为：流动资产、长期资产和金融资产，这里的流动资产为流动资产总额减现金和短期投资，长期资产为资产总额减流动资产和长期投资。将负债年变动额项目划分为：短期金融负债、短期非金融负债、长期金融负债、长期非金融负债。

$$应计项目 = \Delta COA + \Delta NCOA + \Delta FINA + (-\Delta SFL) - \Delta SNFL - \Delta LFL - \Delta LNFL \qquad 式（7-14）$$

式（7-14）中，ΔCOA 表示除现金和短期投资外流动资产的年变动额；ΔNCOA 表示除流动资产和长期投资外的资产的年变动额，即除长期投资外长期资产的年变动额；ΔFINA 表示企业金融资产的年变动额，这里金融资产表示短期投资和长期投资之和；ΔSFL 表示短期金融负债的年变动额；ΔSNFL 表示短期非金融负债的年变动额，短期非金融负债为短期负债减去短期金融负债，如应付工资、税金以及应计费用等；ΔLFL 表示长期金融负债的年变动额，长期金融负债主要有长期银行借款和应付债券；ΔLNFL 表示长期非金融负债的年变动额。

在成熟的资本市场，由于短期投资和长期投资的大小可用资本市场上的资产价格准确计量，因此其可靠性较强。Richardson 等（2005）对美国的研究显示，金融资产的可靠性是最高的。由于我国资本市场处于发展的初期，股票价格波动较大，且很多企业没有上市，因此对于投资于未上市企业的长期投资尚不能用资本市场的市场价格进行计量，故因金融资产年变动额而引起的应计项目的可靠性的高低尚需进行实证的检验。

按照负债的性质划分，可分为金融负债和非金融负债。金融负债又可进一步划分为短期金融负债和长期金融负债，同理，非金融负债又可划分为短期非金融负债和长期非金融负债。一般而言，企业负债的期限越短，其计量的可靠性越强，因此，短期金融负债的可靠性大于长期金融负债的可靠性，短期非金融负债的可靠性大于长期非金融负债的可靠性。

7.5 实证结果

7.5.1 假设1的检验

企业的总盈余由现金盈余和应计项目两部分组成，由于现金盈余能可靠地进行计量（实际上，现金流量表同样有可能被粉饰，我们这里假定不存在这些问题），而应计项目的估算具有较大的主观性，根据假设1，现金盈余的可靠性大于应计项目的可靠性，现金盈余的回归系数大于应计项目的回归系数，现金盈余的可持续性高于应计项目的

7 经营现金流量、应计项目与价值相关性

可持续性。为衡量现金盈余与应计项目的不同可持续性，可建立以下回归方程：

$$\text{Earnings}_{t+1} = \gamma_0 + \gamma_1 \text{Cash Flows}_t + \gamma_2 \text{Accruals}_t + \varepsilon \qquad 式（7-15）$$

式中，Earnings 表示企业的总盈余，用该年主营业务利润除以该年平均总资产来表示；Cash Flows 表示现金盈余，用现金流量表中的经营现金净流量除以该年平均总资产表示；Accruals 表示应计项目，用主营业务利润减现金盈余后除以该年平均总资产表示。根据假设 1，应计项目的可持续性小于现金盈余，因此 $\gamma_1 > \gamma_2$，应计项目的回归系数较现金盈余的小意味着其可持续性较现金盈余差。本章首先进行了分年度检验和混合检验，由于混合检验可能高估 t 值，因此本章采用 Fama-MacBeth（1973）的检验方法计算了 Fama-MacBeth t 值和年平均回归系数，其计算公式如下：

$$\text{Fama} - \text{MacBeth t 值} = \frac{\text{年度回归系数平均值}}{\text{年度回归系数的标准差}}$$

回归结果见表 7-1。

由表 7-1 可以看出，无论是分年度检验还是混合检验以及 Fama-MacBeth 的检验，现金盈余的回归系数（γ_1）均大于应计项目的回归系数（γ_2），从现金盈余与应计项目盈余回归系数的比较的显著性看，现金盈余的回归系数显著大于应计项目的回归系数（$\gamma_1 > \gamma_2$ 的回归系数均显著为正），从而证明了假设 1 的正确性，即可靠性较强的现金盈余的可持续性大于可靠性较差的应计项目。

表 7-1 经营现金流量、应计项目不同可持续性的回归结果 [式（7-15）的回归结果]

年份	γ_0	γ_1	γ_2	$\gamma_1 - \gamma_2$	Adj R^2	观测次数
1998	0.006 (2.235)*	0.683 (19.311)***	0.586 (19.275)***	0.097 (3.263)**	0.404	685
1999	0.0059 (2.325)*	0.664 (20.72)***	0.614 (20.525)***	0.050 (1.989)*	0.406	742
2000	−0.020 (−4.682)***	0.826 (14.66)***	0.688 (13.17)***	0.138 (3.308)**	0.219	815

续表

年份	γ_0	γ_1	γ_2	$\gamma_1-\gamma_2$	Adj R^2	观测次数
2001	−0.005 (−1.522)	0.725 (18.46)***	0.509 (16.021)***	0.216 (6.632)***	0.280	970
2002	−0.012 (−3.24)**	0.710 (16.157)***	0.516 (12.325)***	0.194 (5.10)***	0.202	1061
2003	−0.005 (−1.612)	0.809 (21.526)***	0.685 (19.600)***	0.171 (5.686)***	0.313	1116
1998~2003	−0.005 (3.507)***	0.733 (42.640)***	0.596 (38.803)***	0.148 (10.647)***	0.274	5389
Fama-MacBeth	−0.005 (−0.525)	0.736 (12.116)***	0.600 (8.364)***	0.144 (2.532)**	0.304	898

注：括号内的数字为 t 值，*** 表示 0.001 水平显著，** 表示 0.01 水平显著，* 表示 0.1 水平显著，在运用 Fama-MacBeth 方法的检验中，回归系数、Adj R^2、样本数均为 6 年分别回归的平均值，其中 t 值为 Fama-MacBeth t 值。

7.5.2 假设 2 的检验

7.5.2.1 根据公式（7-12）对应计项目分类的检验结果

根据公式（7-12）对应计项目的分类，为检验不同应计项目的可持续性，可建立以下回归方程：

$$\text{Earnings}_{t+1} = \beta_0 + \beta_1 \text{Cash Flows}_t + \beta_2 \Delta COA_t + \beta_3 \Delta NCOA_t - \beta_4 \Delta COL_t - \beta_5 \Delta NCOL_t + \varepsilon \quad \text{式（7-16）}$$

回归结果见表 7-2：

表 7-2 按照资产负债表结构分类的应计项目不同组成可持续性的回归结果
[式（7-16）的回归结果]

年份	1998	1999	2000	2001	2002	2003	1998~2003	Fama-MacBeth
β_1	0.316 (8.44)***	0.232 (7.87)***	0.371 (10.13)***	0.349 (11.35)***	0.370 (10.62)***	0.328 (8.92)***	0.325 (22.63)***	0.328 (6.91)***
β_2	0.190 (7.11)***	0.231 (9.45)***	0.217 (7.23)***	0.170 (7.45)***	0.194 (6.34)***	0.260 (7.90)***	0.207 (17.98)***	0.210 (7.15)***
β_3	0.099 (5.07)***	0.125 (7.31)***	0.081 (3.60)***	0.108 (6.12)***	0.0895 (3.70)***	0.166 (6.39)***	0.114 (12.90)***	0.111 (3.97)***
β_4	0.0882 (3.07)**	0.208 (8.38)**	0.0925 (4.89)***	0.110 (4.89)***	0.106 (3.57)**	0.198 (6.50)***	0.137 (11.98)***	0.134 (2.7)***

续表

年份	1998	1999	2000	2001	2002	2003	1998~2003	Fama-MacBeth
β_5	0.110 (2.3)*	0.205 (5.02)***	0.0963 (2.21)*	0.0894 (2.49)*	0.0461 (1.06)	0.033 (0.77)	0.089 (5.09)***	0.097 (1.73)*
$\beta_2-\beta_3$	0.0906 (2.96)**	0.105 (4.11)***	0.136 (4.24)***	0.063 (2.71)**	0.104 (3.30)***	0.094 (2.64)*	0.093 (7.55)***	0.099 (4.53)***
$\beta_4-\beta_5$	−0.0223 (−0.42)	0.003 (0.079)	−0.004 (−0.01)	0.021 (0.614)	0.060 (1.44)	0.165 (3.66)***	0.049 (2.73)**	0.037 (0.594)
观测次数	575	641	702	835	852	946	4551	758
Adj R^2	0.186	0.198	0.153	0.168	0.135	0.144	0.148	0.164

注：括号内的数字为 t 值，*** 表示 0.001 水平显著，** 表示 0.01 水平显著，* 表示 0.1 水平显著。在运用 Fama-MacBeth 方法的检验中，回归系数、Adj R^2、样本数均为 6 年分别回归的平均值，其中 t 值为 Fama-MacBeth t 值。

由表 7-2 可以看出，无论是分年度检验还是混合检验以及 Fama-MacBeth 的统计检验，流动资产年变动额引起的应计项目的可持续性显著高于长期资产的可持续性（$\beta_2-\beta_3$ 的回归系数均显著为正），从而进一步证明了可靠性越高的应计项目，其可持续性越强。同时还可以看到，大多数年份短期负债的年变动额引起的应计项目的可持续性大于长期负债的，从混合检验上看，二者有显著差异，从 Fama-MacBeth 的统计检验来看，二者的差异不显著为正，这从另一个角度证明了短期负债应计项目的可靠性较长期负债强。

从分年度检验来看，1998~2003 年短期负债和长期负债回归系数的差异较小，特别是 1998 年和 2000 年 β_4 和 β_5 的回归系数不显著为负，但 2001~2003 年的回归系数逐年变大（分别为 0.021、0.060、0.165），2003 年则显著正（其 t 值为 3.66）。一种可能的解释是 1998 年我国债务重组准则要求用公允价值计量债务重组收益，该准则的本意是提高会计信息的相关性，但由于未能充分考虑到我国的特定环境，其结果是很多绩差上市公司利用此准则进行大规模债务重组，以此操纵利润，造成短期负债和长期负债的可持续性差异不明显，但 2001 年我国债务重组准则要求用账面价值计量债务重组收益，这一改变不仅反映了我国会计准则对可靠性这一会计信息质量特征重要性的再认识，而且其最终结果是我国短期负债计量可靠性的逐年上升（如表 7-2 所示，β_4 在 2001 年、2002 年、2003 年的回归系数分别为 0.110、0.106、0.198）。

7.5.2.2 根据公式（7-13）对应计项目分类的检验结果

根据公式（7-13）对应计项目的分类，可建立如下回归方程：

$$Earnings_{t+1} = \pi_0 + \pi_1 Cash\ Flows_t + \pi_2 \Delta WC_t + \pi_3 \Delta NCO_t + \pi_4 FIN_t + \varepsilon$$

式（7-17）

回归结果见表 7-3：

表 7-3 按照净流动资产、净非流动资产和净金融资产分类的应计项目组成不同可持续性的回归结果［式（7-17）的回归结果］

年份	π_1	π_2	π_3	π_4	观测次数	Adj R^2
1998	0.306 (7.577)***	0.162 (5.832)***	0.129 (5.591)***	0.092 (3.525)***	575	0.163
1999	0.248 (7.939)***	0.221 (8.780)***	0.119 (6.133)***	0.147 (6.333)***	641	0.189
2000	0.458 (11.466)***	0.276 (8.86)***	0.109 (4.397)***	0.031 (0.242)	702	0.181
2001	0.380 (11.602)***	0.186 (8.070)***	0.117 (5.914)***	0.070 (0.002)	835	0.175
2002	0.409 (10.401)*	0.216 (6.421)***	0.096 (3.655)***	0.065 (2.149)*	852	0.134
2003	0.424 (10.701)***	0.305 (9.831)***	0.164 (5.449)***	0.043 (1.448)	946	0.172
1998~2003	0.370 (23.86)***	0.230 (19.401)***	0.127 (12.871)***	0.073 (6.658)***	4551	0.158
Fama-MacBeth	0.370 (5.13)***	0.228 (4.62)***	0.122 (5.78)***	0.075 (1.97)*	758	0.169

注：括号内的数字为 t 值，*** 表示 0.001 水平显著，** 表示 0.01 水平显著，* 表示 0.1 水平显著，在运用 Fama-MacBeth 方法的检验中，回归系数、Adj R^2、样本数均为 6 年分别回归的平均值，其中 t 值为 Fama-MacBeth t 值。

由表 7-3 可以看出，无论是分年度检验还是混合检验以及 Fama-MacBeth 检验，经营现金流量的回归系数最大，因此经营现金流量的可持续性最强，其次是除现金和短期投资以外的净流动资产，再次是除长期投资以外的净非流动资产，这与预期的结果一致。但与成熟资本市场不同的是，净金融资产的回归系数最小（只有1999年例外），故净金融资产的可持续性最差，笔者认为可能由以下两种原因引起：其一是我国资本市场的股票价格波动较大，从而造成短期投资不能可靠计量；其二是我国产权市场不完善，上市公司数量有限，不少长期股权投资的企业不是上市公司，从而造成长期股权投资不能以股票价格的形式进行计量，导致其计量可靠性的下降。

7.5.2.3 根据式（7-14）分类的检验结果

根据式（7-14）对应计项目的分类，可建立如下回归方程：

$$Earnings_{t+1} = \omega_0 + \omega_1 Cash\ Flows_t + \omega_2 \Delta COA_t + \omega_3 \Delta FINA_t + \omega_4 \Delta NCOA_t \\ - \omega_5 \Delta SNFL_t - \omega_6 \Delta LNFL_t - \omega_7 \Delta SFL_t - \omega_8 \Delta LFL_t + \varepsilon$$

式（7-18）

回归结果见表7-4。

表7-4 式（7-18）的回归结果

年份	1998	1999	2000	2001	2002	2003	1998~2003	Fama-MacBeth
ω_1	0.296 (7.492)***	0.234 (7.515)***	0.461 (11.5)***	0.366 (10.98)***	0.397 (10.0)***	0.409 (10.075)***	0.361 (23.097)***	0.361 (3.79)***
ω_2	0.196 (6.914)***	0.248 (9.682)***	0.288 (8.68)***	0.203 (8.439)***	0.228 (6.67)***	0.308 (8.991)***	0.246 (19.969)***	0.245 (5.92)***
ω_3	0.010 (0.224)	−0.003 (−0.086)	0.023 (0.56)	0.042 (1.204)	0.060 (1.07)	−0.030 (−0.536)	0.022 (1.191)	0.017 (0.580)
ω_4	0.134 (5.46)***	0.180 (7.686)***	0.113 (3.71)***	0.125 (5.613)***	0.093 (3.095)***	0.191 (5.413)***	0.143 (12.53)***	0.139 (3.96)***
ω_5	0.044 (1.14)	0.238 (6.545)***	0.241 (5.865)***	0.142 (4.375)***	0.143 (3.300)***	0.355 (8.605)***	0.207 (12.86)***	0.194 (1.97)*
ω_6	0.087 (0.679)	0.275 (1.739)*	0.028 (0.192)	0.135 (2.166)*	0.097 (0.793)	0.096 (0.840)	0.139 (3.171)***	0.120 (1.57)
ω_7	0.155 (4.316)***	0.221 (6.782)***	0.011 (0.294)	0.115 (3.799)***	0.104 (2.642)***	0.101 (2.394)**	0.116 (7.969)***	0.118 (1.87)*
ω_8	0.146 (2.714)**	0.246 (5.666)***	0.094 (2.092)*	0.083 (1.938)*	0.044 (0.937)	0.016 (0.331)	0.093 (4.774)***	0.105 (1.34)
样本数	575	641	702	835	852	946	4551	759
Adj R^2	0.202	0.213	0.192	0.179	0.139	0.175	0.163	0.183

注：括号内的数字为t值，*** 表示0.005水平显著（双侧），** 表示0.05水平显著（双侧），* 表示0.1水平显著（单侧），在运用Fama-MacBeth方法的检验中，回归系数、Adj R^2、样本数均为6年分别回归的平均值，其中t值为Fama-MacBeth t值。

由表 7-4 可以看出，与成熟资本市场不同的是，我国上市公司金融资产的回归系数（ω_3）不仅明显较流动资产和非流动资产小，而且无论是混合检验还是 Fama-MacBeth 检验，其 t 值均不显著，可见我国上市公司金融资产的可持续性较差，与 7.5.2.2 中的分析结果一致。

从混合检验来看，除金融资产外，所有应计项目的回归系数均显著，从 Fama-MacBeth 检验来看，只有金融资产（ω_3）、长期非金融负债的回归系数（ω_6）不显著，其余回归系数均显著。无论是混合回归还是 Fama-MacBeth 检验，可以看出，短期非金融负债的回归系数（ω_5）大于长期非金融负债的回归系数（ω_6），短期金融负债的回归系数（ω_7）大于长期金融负债的回归系数（ω_8），与预期的相同。这是因为，期限越长的负债，其计量的不确定性就越大，可靠性就越差，因此其可持续性就越差。

7.5.3 假设 3 的检验

7.5.3.1 经营现金流量、应计项目价值相关性的比较

根据 Ohlson 模型［又称价格模型，本章的 Ohlson 模型是指 Ohlson 模型的线性形式，见式（4-12）］，股票每股价格可表示为每股净值和每股收益的线性形式，由于企业税前利润总额可分为主营业务利润和非主营业务利润两部分，而企业主营业务利润又可分为经营现金流量和应计项目两部分，因此，按照 Ohlson 模型，股票价格可表示为以下式（7-19）的线性形式：

$$P_t = \pi_0 + \pi_1 BV_t + \pi_2 BL_t + \pi_3 CASHPS_t + \pi_4 ACCRUALPS_t + \varepsilon$$

式（7-19）

式中，P_t 为股票第 t 时刻的价格，这里只第 t 年年报公布后 4 月 30 日的股票价格（实际上是第 t+1 年的股票价格）；BV_t 为第 t 年的每

股净值；BL_t 为第 t 年的每股非主营业务利润；$CASHPS_t$ 为第 t 年的每股经营现金流量；$ACCRUALPS_t$ 为第 t 年的每股应计项目，即每股主营业务利润减每股经营现金流量；ε 为随机误差项。

根据式 (7-19)，我们可得表 7-5 所示的价值相关性回归结果。

表 7-5　每股经营现金流量、应计项目与股票价格的回归结果
[式 (7-19) 的回归结果]

年份	1998	1999	2000	2001	2002	2003	1998~2003	Fama-MacBeth
π_0	8.179 (17.623)***	13.318 (15.135)***	13.524 (24.647)***	10.123 (29.363)***	7.077 (23.469)***	5.106 (23.586)***	9.828 (48.312)***	9.554 (3.07)**
π_1	0.052 (0.286)	−0.330 (−0.899)	0.184 (0.847)	0.429 (3.355)***	0.579 (5.433)***	0.620 (8.336)***	0.128 (1.681)*	0.256 (0.773)
π_2	5.847 (4.851)***	14.550 (4.790)***	10.411 (5.784)***	7.090 (5.934)***	5.119 (4.317)***	1.273 (2.166)**	8.361 (12.876)***	7.38 (1.76)*
π_3	4.885 (9.907)***	9.006 (7.185)***	4.343 (5.038)***	2.321 (4.964)***	3.231 (7.731)***	3.019 (11.005)***	4.075 (14.585)***	4.47 (2.03)*
π_4	5.069 (9.645)***	9.525 (7.857)***	5.643 (6.550)***	2.611 (5.803)***	3.619 (8.044)***	2.696 (9.576)***	4.531 (16.144)***	4.86 (2.05)*
观测次数	575	641	702	831	850	942	4541	757
Adj R^2	0.241	0.132	0.123	0.151	0.197	0.293	0.118	0.189

注：括号内的数字为 t 值，*** 表示 0.001 水平显著，** 表示 0.01 水平显著，* 表示 0.1 水平显著，在运用 Fama-MacBeth 方法的检验中，回归系数、Adj R^2、样本数均为 6 年分别回归的平均值，其中 t 值为 Fama-MacBeth t 值。

由表 7-5 可以看到：

(1) 从混合检验和 Fama-MacBeth 检验来看，非主营业务利润的回归系数最大，说明我国投资者过分关注可持续性较差的非主营业务利润，可持续性较经营现金流量差的应计项目的回归系数大于经营现金流量的回归系数，这说明我国投资者不能区分可持续不同的利润组成，对股票价格进行了错误的定价。

(2) 从分年度检验来看，除 2003 年外（实际上为 2004 年 4 月 30 日的股票价格，因此也可以说是 2004 年，下同），1998~2002 年我国非主营业务利润的回归系数一直大于其他利润组成项目的回归系数，

应计项目的回归系数也一直大于经营现金流量的回归系数,但2003年开始非主营业务利润的回归系数较小,同时该年应计项目的回归系数也小于经营现金流量的回归系数,说明我国投资者从2003年开始就纠正了这种错误的定价模式,因此该回归结果进一步证明了我国股市的渐进有效性这一结论。

7.5.3.2 根据公式(7–12)对应计项目分类价值相关性的比较

根据公式(7–12)对应计项目的分类以及以上7.5.3.1中对Ohlson模型的分析,我们进一步建立以下价值相关性模型:

$$P_t = \phi_0 + \phi_1 BV_t + \phi_2 BL_t + \phi_3 CASHPS_t + \phi_4 \Delta COAPS_t + \phi_5 \Delta NCOAPS_t - \phi_6 \Delta COLPS_t - \phi_7 \Delta NCOLPS_t + \varepsilon \quad \text{式 (7–20)}$$

式中,$\Delta COAPS_t$为第t年每股除现金以外的流动资产年变动额;$\Delta NCOAPS_t$为第t年每股非流动资产年变动额;$\Delta COLPS_t$为第t年每股流动负债年变动额;$\Delta NCOLPS_t$为第t年每股非流动负债年变动额。根据式(7–20)可得表7-6所示的回归结果:

表7-6 按照资产负债表结构分类的应计项目与股票价格的回归结果
[式(7–20)的回归结果]

年份	1998	1999	2000	2001	2002	2003	1998~2003	Fama-MacBeth
ϕ_1	0.460 (2.32)*	0.394 (1.07)	0.354 (1.58)	0.532 (3.98)***	0.667 (6.13)***	0.709 (9.39)***	0.388 (4.98)***	0.519 (3.93)***
ϕ_2	5.00 (3.91)***	12.28 (3.87)***	8.454 (4.49)***	6.83 (5.55)***	4.819 (3.97)***	0.806 (1.30)	7.90 (11.69)***	6.36 (1.80)*
ϕ_3	1.61 (4.15)***	1.813 (2.49)*	0.473 (0.924)	0.552 (1.80)*	0.704 (2.91)**	1.05 (6.92)***	0.668 (4.00)***	1.03 (2.00)*
ϕ_4	1.45 (4.49)***	3.436 (4.91)***	1.56 (3.37)***	0.906 (3.23)***	1.15 (4.46)***	1.16 (6.13)***	1.17 (6.95)***	1.61 (1.90)*
ϕ_5	0.76 (3.02)**	1.165 (2.25)*	0.757 (2.22)*	0.540 (2.57)**	0.625 (3.13)**	0.729 (5.15)***	0.823 (6.46)***	0.762 (3.88)***
ϕ_6	0.38 (1.21)	1.950 (2.89)**	0.301 (0.68)	0.385 (1.50)	0.433 (1.80)*	0.674 (4.24)***	0.689 (4.46)***	0.687 (1.19)
ϕ_7	0.61 (1.12)	2.693 (2.68)**	0.739 (1.20)	0.611 (1.67)*	0.494 (1.72)*	0.570 (2.84)***	0.887 (4.24)***	0.952 (1.21)

续表

年份	1998	1999	2000	2001	2002	2003	1998~2003	Fama-MacBeth
样本数	575	641	702	830	850	942	4541	757
Adj R^2	0.177	0.084	0.101	0.133	0.170	0.261	0.082	0.154

注：括号内的数字为 t 值，*** 表示 0.001 水平显著，** 表示 0.01 水平显著，* 表示 0.1 水平显著，在运用 Fama-MacBeth 方法的检验中，回归系数、Adj R^2、样本数均为 6 年分别回归的平均值，其中 t 值为 Fama-MacBeth t 值。

由表 7-6 可以看出：

（1）从混合检验和 Fama-MacBeth 检验看，可持续性较差的非主营业务利润仍然最大（分别为 7.90 和 6.36，且均显著），其次为除现金、短期投资外的流动资产（分别为 1.17 和 1.61），而让人感到意外的是可靠性最强的经营现金流量的回归系数小于除现金、短期投资外的流动资产和非主营业务利润的回归系数，这进一步说明我国资本市场定价的错误性；从应计项目组成的回归系数比较来看，可靠性较强的流动资产的回归系数（分别为 1.17 和 1.61）大于可靠性较差的非流动资产的回归系数（分别为 0.823 和 0.762），这就从一个角度证明了应计项目的可靠性越强，其相关性越高。

（2）从分年度检验来看，可靠性较差非主营业务利润的回归系数从 1999 年开始逐年降低（分别为 12.28，8.454，6.83，4.819，0.806），到 2003 年达到最小，而可靠性最强的经营现金流量的回归系数从 2000 年开始逐年增大（分别为 0.473，0.552，0.704，1.05），这进一步证明了我国资本市场的渐进有效性。

7.5.3.3 根据式（7-13）对应计项目分类价值相关性的比较

根据式（7-13）对应计项目的分类以及以上 7.5.3.1 中对 Ohlson 模型的分析，我们进一步建立以下价值相关性模型：

$$P_t = \lambda_0 + \lambda_1 BV_t + \lambda_2 BL_t + \lambda_3 CASHPS_t + \lambda_4 \Delta WCPS_t + \lambda_5 \Delta NCOPS_t + \lambda_6 \Delta FINPS_t + \varepsilon \qquad 式（7-21）$$

式中，$\Delta WCPS_t$ 为第 t 年每股除现金、短期投资外的净流动资产年变动额；$\Delta NCOPS_t$ 为第 t 年每股除长期投资外的净非流动资产年变动额；$\Delta FINPS_t$ 为第 t 年每股净金融资产年变动额。

根据式（7-21）可得表 7-7 所示的回归结果：

表 7-7 按照净流动资产、净非流动资产、净金融资产分类的应计项目与股票价格的回归结果
[式（7-21）的回归结果]

年份	1998	1999	2000	2001	2002	2003	1998~2003	Fama-MacBeth
λ_1	0.689 (3.554)***	0.282 (0.755)	0.476 (2.147)*	0.495 (3.631)***	0.627 (5.022)***	0.674 (8.663)***	0.412 (5.205)***	0.540 (3.81)***
λ_2	4.988 (4.560)***	11.278 (4.409)***	9.128 (5.370)***	6.730 (5.912)***	4.082 (3.725)***	0.337 (0.606)	7.188 (11.97)***	6.09 (1.72)*
λ_3	1.387 (3.323)***	2.340 (3.029)**	0.677 (1.183)	0.560 (1.676)*	1.325 (4.408)***	1.522 (7.761)***	0.665 (3.454)***	1.302 (2.21)*
λ_4	0.905 (3.023)**	3.756 (5.051)***	1.569 (3.384)***	0.843 (2.947)**	1.636 (5.305)***	1.332 (6.837)***	1.108 (6.327)***	1.67 (1.71)*
λ_5	0.931 (3.399)***	0.999 (1.781)*	1.052 (2.877)**	0.691 (3.042)**	0.696 (3.226)***	0.659 (4.143)***	0.834 (5.933)***	0.838 (5.23)***
λ_6	0.451 (1.498)	1.468 (2.421)*	0.415 (1.031)	0.364 (1.495)	0.245 (1.107)	0.433 (2.983)**	0.753 (5.251)***	0.562 (1.37)
样本数	575	641	701	830	849	942	4538	756
Adj R^2	0.151	0.093	0.099	0.133	0.169	0.263	0.080	0.151

注：括号内的数字为 t 值，*** 表示 0.001 水平显著，** 表示 0.01 水平显著，* 表示 0.1 水平显著，在运用 Fama-MacBeth 方法的检验中，回归系数、Adj R^2、样本数均为 6 年分别回归的平均值，其中 t 值为 Fama-MacBeth t 值。

由表 7-7 可以看出，非主营业务利润、经营现金流量的回归系数的变化规律与 7.5.3.1 和 7.5.3.2 的情形类似，但是，从应计项目组成的回归情况来看，无论是混合检验还是 Fama-MacBeth 检验以及分年度检验，净流动资产的回归系数始终大于净非流动资产的回归系数，而净非流动资产的回归系数又始终大于经金融资产的回归系数，这与该三项应计项目的可持续性结果一致，即应计项目的可持续性越强，其相关性就越大，或者说，应计项目的可靠性越差，其价值相关性就越差，从而证明了假设 3 的正确性。

7.5.3.4 根据式 (7-14) 对应计项目分类价值相关性的比较

根据式 (7-14) 对应计项目的分类以及 7.5.3.1 中对 Ohlson 模型的分析，我们进一步建立以下价值相关性模型：

$$P_t = \eta_0 + \eta_1 BV_t + \eta_2 BL_t + \eta_3 CASH_t + \eta_4 \Delta COAPS_t + \eta_5 \Delta FINAPS_t$$
$$+ \eta_6 \Delta NCOAPS_t - \eta_7 \Delta SFLPS_t - \eta_8 \Delta SNFLPS_t - \eta_9 \Delta LFLPS_t$$
$$- \eta_{10} \Delta LNFLPS_t + \varepsilon \qquad \text{式 (7-22)}$$

式中，$\Delta COAPS_t$ 为第 t 年每股除现金、短期投资外的流动资产年变动额；$\Delta FINAPS_t$ 为第 t 年每股金融资产年变动额；$\Delta NCOAPS_t$ 为第 t 年每股除长期投资外的非流动资产年变动额；$\Delta SFLPS_t$ 为第 t 年每股短期金融负债年变动额；$\Delta SNFLPS_t$ 为第 t 年每股短期非金融负债年变动额；$\Delta LFLPS_t$ 为第 t 年每股长期金融负债年变动额；$\Delta LNFLPS_t$ 为第 t 年每股长期非金融负债年变动额。

根据等式 (7-22) 可得表 7-8 所示的回归结果。

表 7-8 式 (7-22) 的回归结果

年份	1998	1999	2000	2001	2002	2003	1998~2003	Fama-MacBeth
η_1	0.452 (2.25)*	0.299 (0.79)	0.376 (1.68)*	0.465 (3.43)***	0.547 (4.97)***	0.667 (8.57)***	0.385 (4.84)***	0.467 (3.97)***
η_2	4.744 (4.73)***	11.260 (4.39)***	8.91 (5.25)***	6.97 (6.16)***	4.04 (3.75)***	0.407 (0.73)	7.158 (11.94)***	6.06 (1.72)*
η_3	1.542 (3.72)***	2.243 (2.88)**	0.694 (1.21)	0.532 (1.57)	0.992 (3.31)***	1.419 (6.09)***	0.608 (3.13)**	1.23 (2.14)*
η_4	1.29 (3.82)***	3.597 (4.68)***	1.753 (3.48)***	1.260 (4.16)***	1.964 (6.37)***	1.358 (6.62)***	1.215 (6.57)***	1.87 (2.30)*
η_5	0.849 (1.69)*	1.961 (1.91)*	0.819 (1.33)	−0.134 (−0.36)	−1.172 (−2.83)**	0.839 (2.83)**	1.062 (4.23)***	0.527 (0.542)
η_6	0.704 (2.229)*	0.742 (1.069)	0.691 (1.547)	0.795 (3.14)**	1.243 (5.13)**	0.594 (3.27)***	0.708 (4.401)***	0.794 (3.79)***
η_7	0.268 (0.709)	0.785 (0.94)	0.055 (0.096)	0.941 (2.98)**	0.993 (3.43)***	0.427 (2.18)*	0.740 (3.915)***	0.578 (1.65)*
η_8	0.238 (0.694)	2.879 (2.94)**	0.640 (1.153)	0.392 (1.07)	1.225 (3.64)***	1.080 (4.93)***	0.681 (3.376)***	1.07 (1.22)
η_9	0.411 (0.658)	1.840 (1.68)*	0.836 (1.27)	0.713 (1.76)*	1.209 (3.74)***	0.464 (2.14)*	0.806 (3.508)***	0.912 (1.86)*

续表

年份	1998	1999	2000	2001	2002	2003	1998~2003	Fama-MacBeth
η_{10}	0.813 (0.59)	7.659 (1.96)*	−0.246 (−0.12)	1.772 (2.06)*	0.194 (0.302)***	0.295 (0.359)	1.41 (2.37)*	1.74 (0.643)
观测次数	575	641	701	830	849	942	4538	756
Adj R^2	0.178	0.096	0.109	0.147	0.203	0.265	0.085	0.166

注：括号内的数字为 t 值，*** 表示 0.001 水平显著，** 表示 0.01 水平显著，* 表示 0.1 水平显著，在运用 Fama-MacBeth 方法的检验中，回归系数、Adj R^2、样本数均为 6 年分别回归的平均值，其中 t 值为 Fama-MacBeth t 值。

由表 7-8 可以看出，非主营业务利润、经营现金流量的回归系数的变化规律与 7.5.3.1、7.5.3.2 和 7.5.3.3 的情形类似，但是，从应计项目组成的回归情况来看，无论是混合检验还是 Fama-MacBeth 检验以及分年度检验，可持续性较强的流动资产的回归系数（η_4）始终大于可持续性较差的非流动资产的回归系数（η_6），而可持续性较强的短期金融负债的回归系数（η_7）又大于可持续性较差的长期金融负债的回归系数（η_8），同样，短期非金融负债的回归系数（η_9）大于长期非金融负债的回归系数（η_{10}），这就进一步证明了应计项目的可持续性越强，其相关性就越大，或者说，应计项目的可靠性越差，其价值相关性就越差，从而进一步证明了假设 3 的正确性。

7.6 本章小结

由于以往国内外学者对盈余研究多以 Healy（1985）的应计项目模型对应计项目进行计算，具有很大的片面性，本章借鉴国外最新的研究成果，结合我国的现实状况，运用 Richardson 对应计项目的推导结果，对我国上市公司的应计项目进行了重新分类，其研究结果如下：

第一，通过对盈余不同组成的不同可持性研究发现：现金盈余的

7 经营现金流量、应计项目与价值相关性

可持续性大于应计项目的可持续性;在应计项目的不同组成的可持续性中,金融资产年变动额引起的应计项目的可持续性较差,流动资产年变动额引起的应计项目大于长期资产的,短期负债大于长期负债的,净流动资产年变动额引起的应计项目的可持续性大于净非流动资产的,但与成熟资本市场不同的是,金融资产的可持续性较低。总之,盈余的可靠性与其可持续性呈正相关关系,应计项目的可靠性越差,其可持续性越低。

第二,运用 Ohlson 模型的线性形式对股票价格和盈余组成的价值相关性研究发现,与成熟资本市场类似,我国投资者在 2004 年前同样也不能区分可持续性不同的经营现金流量和应计项目,进行了错误的股票定价,但 2004 年开始我国资本市场对这种错误的定价模式进行了纠正,这也从另一个角度证明了我国资本市场的渐进有效性。在应计项目的不同组成的价值相关性研究中发现,应计项目的可持续性越强,其价值相关性就越大,或者说,应计项目的可靠性越差,其价值相关性就越低。因此,将可靠性较低的应计项目引入到会计报表中将会导致盈余信息质量的下降,并最终导致会计信息相关性和有用性的降低。

8 Ohlson 模型、股利贴现模型、自由现金流量模型与价值相关性

以上第 5~7 章运用 Ohlson 模型的线性形式对我国会计信息价值相关性的变迁及影响因素进行了研究，本章将运用 Ohlson 模型的非线性形式对 Ohlson 模型和股利贴现模型、自由现金流量模型的价值相关性进行比较，从而运用我国的上市公司的实证数据进一步证明该模型的有用性。本章的结构安排如下：第一部分为文献回顾；第二部分首先介绍股利贴现模型、自由现金流量模型与 Ohlson 模型的推导过程及其优缺点；第三部分根据这三种不同的估价模型提出本章的研究方法和模型设定，并采用零增长贴现模型计算第 T 年后的价值，同时以 2004 年 12 月 31 日股票价格代表股票的内在价值，运用股利贴现模型计算不同年份股票的内在价值；第四部分得出回归结果并对回归结果进行分析；第五部分对该章的研究结论进行了概括和总结。

8.1 文献回顾

自从 Ohlson（1995）对剩余收益模型（又称 Ohlson 模型）进行重

新阐述和完善发展之后，Ohlson 模型引起了学术界的广泛关注，Bernard（1995）认为该模型"代表了资本市场应遵循但未遵循的基本方向"。尽管早在 1961 年 Edward 和 Bell 就将该模型向学术界进行了介绍，然而遗憾的是，20 世纪 60 年代实证会计的学术研究却朝着与会计信息之间缺乏精确数学联系的信息观方向发展下去。Ohlson 模型经过严格的数学推导，将企业价值表述为净资产加上未来超额收益的贴现值，使企业的价值与会计信息之间有了精确的数学运算关系而不是凭空的想象，这就使实证会计的研究由过去侧重于对股票价格行为的解释而转向侧重于预测未来每股收益和每股净值上来。Ohlson 模型用如此少的假设（股利贴现模型假设和清洁盈余关系假设）得出如此意义重大的结论，的确让学术界感到震惊。尽管 Ohlson 模型在理论上尽善尽美，但是否能经得起实践的检验仍受到人们的怀疑，在这种情况下，Bernard（1995）首先运用 value Line 的预测数据对 Ohlson 模型、股利贴现模型和自由现金流模型对股票价格的解释能力进行了比较研究，结果发现，Ohlson 模型对股票价格的解释能力远大于股利贴现模型和自由现金流模型。Penman 和 Sougiannis（1998）假定投资者能够 100%准确地预测未来有关每股股利、每股收益、每股自由现金流量等财务指标，亦即他们运用历史上实际已生成的财务数据的方法，分别计算股利贴现模型、自由现金流量模型和 Ohlson 模型在不同时间跨度的预测价值，并假定市场有效的情况下，对运用不同模型计算的预测价值与其价格之间的准确度进行了比较，结果发现，Ohlson 模型的准确度最高。Francis、Olsson 和 Oswald（2000）运用 value Line 的预测数据分别计算了股利贴现模型、自由现金流量模型、Ohlson 模型的股票预测价值，同样发现 Ohlson 模型对股票价格的解释能力最强。

总而言之，成熟资本市场的实证研究结果表明，Ohlson 模型对股票价格具有较其他模型强的解释力。作为新兴资本市场的我国情形又

8 Ohlson 模型、股利贴现模型、自由现金流量模型与价值相关性

怎么样？赵志君（2003）运用 Ohlson 模型对我国股票投资价值的偏离度进行了分析，发现 ST 股票严重偏离其投资价值。刘熳松（2005）运用该模型研究了我国股市的泡沫问题，结果发现，2001 年我国股票价格严重背离其内在价值，存在严重的泡沫问题，但 2004 年底，我国股票的价格已接近其内在价值且其泡沫度大大降低。由此可见，我国学者对 Ohlson 模型的研究大多停留在应用上，即通过假定我国资本市场的无效性和该模型的预测的正确性来推知我国股票价格偏离其价值的程度。Ohlson 模型对我国股票价格是否具有较其他模型更强的解释力？股利贴现模型、自由现金流量贴现模型、Ohlson 模型对我国资本市场股票价格的解释力是否存在差异？他们与成熟资本市场是否有显著的不同？这些问题目前尚无人研究。本章将进行一次尝试。

由于成熟资本市场已有数百年的发展历程，因此成熟资本市场的研究中都假定其资本市场有效，亦即他们用股票的价格来代表股票的内在价值，通过分析股票价格与不同模型预测价值的相关性而判定不同股权估价模型的有用性。现有我国学者对资本市场会计信息价值相关性的研究均把股票的价格作为股票内在价值的相关性的评判标准，但这一研究得出发点是建立在我国资本市场有效的基础上的。由于我国资本市场发展的历史较短，资本市场有效这一假定受到越来越多的质疑，不少实证研究表明，我国资本市场是一个并不十分有效的市场（赵宇龙等，1999；刘星等，2001；张兵、赵志君等，2003）。在这种情况下，以股票价格来代表企业的内在价值进行价值相关性研究可能会得出错误的结论。本书针对资本市场有效这一假设进行了修正，在否定资本市场有效性的同时，本书假定我国资本市场正向着越来越有效的方向发展，或者说我国资本市场的有效性一年比一年高。为计算股票的内在价值，本章用可获得的最后一年的股票价格代表股票的内在价值，运用股利贴现模型计算其不同年份的内在价值，同时运用

Penman 和 Sougiannis（1998）的研究方法，假定投资者能够100%准确地预测未来有关每股股利、每股收益、每股自由现金流量等财务指标，即运用历史上实际已生成的财务数据的方法，分别计算股利贴现模型、自由现金流量模型和 Ohlson 模型在不同时间跨度的预测价值及与其对应的股票价格和内在价值的相关性，从而比较不同模型的有用性。

8.2 三种股权估价模型的内在联系及其演化、推导过程

8.2.1 股利贴现模型

股利贴现模型由 Williams（1938）最先提出，该模型认为股票的价值等于股票持有人所收到的未来股利的贴现值，其具体表达式如下：

$$V_t^{DD} = \sum_{k=1}^{\infty} E_t[d_{t+k}] / \prod_{j=1}^{k} (1+r_{t+j}) \qquad 式（8-1）$$

式中，V_t^{DD} 表示第 t 时刻股票的价格，$E_t[d_{t+k}]$ 表示人们预期第 t+k 期间将要收到的股利。r_{t+j} 表示 t+j 期间的贴现率。假定投资者对风险的偏好为中性的，则贴现率可用无风险收益率来代替，假定未来的贴现率固定不变为 r 时，股利贴现模型又可表示为：

$$V_t^{DD} = \sum_{k=1}^{\infty} \frac{E_t[d_{t+k}]}{(1+r)^k} \qquad 式（8-2）$$

股利贴现模型以实际向股东分配的现金为贴现对象，因此，要计算企业的内在价值，必须对未来无限期的股利支付做出准确预测，这在实际运用中几乎不可能，因为实践中我们仅能对未来有限期进行预

测，然而 Miller 和 Modigliani（1961）的股利无关论却证明：在有限期内，股利支付的多少与股票价值无关，因此对未来有限期股利支付大小的预测对股权估价并无太大帮助。因此，Penman 称为"股利之谜"。要计算企业的内在价值，必须预测比股利更为本质的东西，于是人们想到用自由现金流代替股利概念，并由此提出了自由现金流贴现模型。

8.2.2 自由现金流量贴现模型

现金流量贴现模型同样是由股利贴现模型演化而来。企业的运营活动可分为金融活动和实物运营活动两种，因此企业的净资产由净金融资产（Net Financial Assets）和净营运资产（Net Operating Assets）两部分构成。其中，净金融资产 = 金融资产 – 金融负债，净营运资产 = 非金融资产 – 非金融负债，企业净资产与净金融资产和净运营资产的关系如下：

$$B_t = FA_t + OA_t \qquad 式（8-3）$$

式中，B_t 表示企业 i 在第 t 时刻的账面值，FA_t 表示企业 i 第 t 时刻的净金融资产（当负债大于金融资产时该值为负），OA_t 表示企业 i 第 t 时刻的净营运资产，企业的利润可划分为利息收益和运营收益两部分：

$$X_t = i_t + OX_t \qquad 式（8-4）$$

式中，X_t 表示企业在期间（t–1, t）的净利润，i_t 表示企业在期间（t–1, t）的净利息收益，OX_t 表示企业在期间（t–1, t）的运营收益。

假定企业的金融资产的存款利率和企业负债的贷款利率相同且均为无风险收益率 r，则企业的净金融资产在期间（t–1, t）为企业带来的利息收益 i_t 为：

$$i_t = rFA_{t-1} \qquad \text{式 (8-5)}$$

式中,FA_{t-1} 表示 t-1 期企业的净金融资产,在期间(t-1,t)企业的金融资产为企业带来利息收益,而企业的运营活动为企业创造运营现金流入,在期末时刻 t,股利 d_t 被支付给了股东。企业第 t 时刻的净金融资产和第 t-1 时刻的净金融资产的关系可用下式表示:

$$FA_t = FA_{t-1} + i_t + C_t - d_t \qquad \text{式 (8-6)}$$

式中,C_t 企业在第(t-1,t)期间的自由现金流量,即经营活动现金净流量减去投资支出,d_t 表示第 t 时刻支付的股利。将式(8-5)代入式(8-6)可得:

$$d_t = C_t + (1+r)FA_{t-1} - FA_t \qquad \text{式 (8-7)}$$

再将式(8-7)代入式(8-2),经化简可得股权估价的自由现金流量贴现模型如下:

$$V_t^{DCF} = FA_t + \sum_{k=1}^{\infty} \frac{E_t[C_{t+k}]}{(1+r)^k} \qquad \text{式 (8-8)}$$

自由现金流量贴现模型将企业从经营活动中获取的现金净流量确认为企业价值的增加,这是显而易见的,但将净投资支出视为价值的减少则令人费解。从理论上讲,净现值为正的投资项目会增加企业的价值,但在该模型中却减少企业的价值。这是因为,虽然投资支出会在短期内减少企业的价值,但在未来长期内会导致企业的经营活动现金流量的增加。因此,要准确计算企业的内在价值,运用该模型仍需对未来较长期间的自由现金流量进行预测。此外,对于负债为零的企业而言,存在以下恒等关系:经营现金净流入 – 投资支出 = 支付给股东的股利,因此预测企业的自由现金流量等于预测企业支付给股东的股利,此时自由现金流量模型又转化成了股利贴现模型,这仍然回避不了"股利之谜";而对于有负债的企业,自由现金净流量 = 支付给股东的股利 + 支付给借款人的现金。所以,自由现金流量中仍然包含与企业价值无关的股利，于是人们又提出了剩余收益模型（Ohlson 模型）。

8.2.3 Ohlson（Edwards–Bell–Ohlson）模型

Ohlson 模型最早由 Preinreich（1938）提出，Edward 和 Bell（1961）向学术界进行了介绍，Ohlson 和 Feltham（1995）对该模型作了进一步改进。为了解决"股利之谜"（Penman，1992），需要创造一种以价值创造活动为基础而不是以价值无关的财富支付活动为基础的价值评估方法。在实践中，会计系统可以对企业价值的增加进行有效确认和记录，假定会计计量的净清洁盈余关系（Clean Surplus Relation，CRS）成立，即只有净利润的变化和股利支付才会引起企业账面净值的变化，这种有别于财富分配的定期确认价值增加的会计系统可用如式 8-9 表示：

$$B_t = B_{t-1} + X_t - d_t \qquad 式（8-9）$$

式中，B_t 表示企业 i 在第 t 时刻的账面值，B_{t-1} 表示企业 i 在第 t-1 时刻的账面值，X_t 表示企业在期间（t-1，t）的净利润。由式（8-9）可得：

$$d_t = B_{t-1} + X_t - B_t \qquad 式（8-10）$$

式中，d_t 表示企业第 t 期支付的股利。将式（8-10）代入式（8-2），经过化简计算，得：

$$V_t^{Ohlson} = B_t + \sum_{\tau=1}^{\infty} \frac{E[X_{t+\tau} - rB_{t+\tau-1}]}{(1+r)^\tau} \qquad 式（8-11）$$

式（8-11）就是 Ohlson 模型。由该模型可以看出，企业价值最终由该企业当期净资产、未来各期预期净资产和贴现资金成本率（或贴现率）决定。因此，Ohlson 模型将企业的内在价值与会计系统有机地联系起来，用代表价值创造活动的利润替代了代表价值分配活动的股利，使企业的价值建立在价值创造活动而非价值分配活动的基础上，有效地解决了"股利之谜"。为了计算股票的内在价值，我们不需要预测企业未来支付给股东的股利，而只需要对未来有限期的每股收益和净资产进行预测。

8.3 数据与模型设定

8.3.1 数据

由于我国在 1998 年才开始披露现金流量信息，故选取 1997~2004 年沪深两市所有 A 股非金融类上市公司为研究对象，所有财务数据和股票价格数据来自深圳国泰安信信息技术有限公司开发的 CSMAR 数据库系统，本章选取所有有股票成交价格和每股收益、每股净值等相关财务数据的企业为研究对象。由于我国年报披露的截止日期为每年的 4 月 30 日，在该日所有上市公司的年报披露均报告完毕，因此本章选取每年该日的收盘价为计算依据，当该日为节假日而休市时，选取后一个交易日的股票收盘价格为计算依据。在运用股利贴现模型计算股票预测值时，删除不支付现金股利的企业，又由于有些企业在观测时刻没有股票成交价格以及财务数据不全等因素，故将这些企业也删除。这样，最终获取 2560 个样本企业/年观测次数，其中 1997 年 222 个，1998 年 270 个，1999 年 310 个，2000 年 611 个，2001 年 616 个，2002 年 531 个。

8.3.2 模型设定

8.3.2.1 股票内在价值的计算

据刘熀松（2005）的研究，2004年12月31日我国股票价格已接近其内在价值，因此本章以2004年12月31日的股票成交价格为标准，通过股利贴现模型（8-2）的转化形式，即来计算企业i在第t时刻的内在价值。

$$V_{it}^{DD} = \sum_{k=1}^{T}[d_{t+k}]/\prod_{j=1}^{k}(1+r_{t+j}) + P_{i+T}/\prod_{j=1}^{T}(1+r_{t+j}) \qquad 式（8-12）$$

式中，V_{it}^{DD} 表示企业i在第t时刻的内在价值，t的取值范围是1998~2003年每年的4月30日；T表示1997~2004年的时间差，T=2-7，即当计算1997年4月30日企业的内在价值时，共有7年的股利需要折现，而当计算2002年企业的内在价值时，只有2年的股利需要折成现值；d_{t+k} 表示企业在其t+k期间实际支付给股东的股利；$\prod$ 表示连乘符号；r_{t+j} 表示1998~2004年每年的贴现率，本章假定投资者对风险的偏好是中性的，即投资者投资时，无论风险有多大，他们都选择相同回报率进行投资，考虑到研究期间我国投资者以散户为主，因此本章用每年的定期一年的储蓄存款税后利率代表贴现率；P_{i+T} 表示企业i在2004年12月31日的股票收盘价格。由于需要对每年每一个企业的内在价值进行计算，且需要考虑除权等因素，计算量十分庞大，本章的计算采用编程方法进行，这不仅提高了运算速度，而且使计算的准确性大大提高。本章共处理了数十万个数据，单编程和计算就耗费了数月时间。

8.3.2.2 不同股权估价模型预测值的计算

由于人们不可能对未来无限期的事情进行预测，本章采用有限期的预测方法来计算不同模型的预测价值，即假定人们对未来1-T年的每股股利、每股收益、每股净值能够做出100%准确的预测，用实际上已经生成的财务数据来分别计算每只股票在不同时刻运用不同方法所得到的预测值，对于第T年之后数据的预测，本章采用Gordon的零增长股利贴现模型进行计算，即假定每股超额收益、每股自由现金流量、每股现金股利在第T年后永久地以第T年的大小持续下去。由于第T年的每股超额收益和每股自由现金流量可能为负，因此，当此两项为负值时，本章将第T年之后的预测值设为零。考虑到利用Ohlson模型和自由现金流量贴现模型计算出的预测值有可能是负值，这与股票价格不能为负的现实相矛盾，因此，当用此两模型计算出的预测值为负时，本章将预测值设为零。这里，股利贴现模型、自由现金流量模型、Ohlson模型的计算公式分别为：

$$V_t^{DD} = \sum_{k=1}^{T-1} \frac{E_t[d_{t+k}]}{(1+r_t)^k} + \frac{E_t[d_{t+T}]}{r_t(1+r_t)^T} \qquad 式（8-13）$$

$$V_t^{DCF} = FA_t + \sum_{k=1}^{T-1} \frac{E_t[C_{t+k}]}{(1+r_t)^k} + \frac{E_t[C_{t+T}]}{r_t(1+r_t)^T} \qquad 式（8-14）$$

$$V_t^{Ohlson} = B_t + \sum_{\tau=1}^{T-1} \frac{E_t[X_{t+\tau} - rB_{t+\tau-1}]}{(1+r_t)^\tau} + \frac{E_t[X_{t+T} - r_tB_{t+T-1}]}{r_t(1+r_t)^T} \qquad 式（8-15）$$

式中，T表示预测期限，T=2-7，t=1997~2002年，V_t^{DD}、V_t^{DCF}、V_t^{Ohlson}分别表示股利贴现模型、自由现金流量模型、Ohlson模型的在每年4月30日的预测值，r_t表示第t年的税后储蓄存款年利率（假定在预测期固定不变），本章采用的1998~2003年的贴现率分别为0.0522，0.0378，0.0198，0.0198，0.0158，0.0158。

8.3.2.3 回归模型的建立

根据以上不同模型的计算结果，首先我们建立以下股票价格与三种预测模型预测值相对应的单因素与联合回归方程：

$$P_{it} = \alpha_0^{Ohlson} + \alpha_1^{Ohlson} V_t^{Ohlson} + \varepsilon^{EBO} \qquad 式（8-16）$$

$$P_{it} = \alpha_0^{DCF} + \alpha_1^{DCF} V_t^{DCF} + \varepsilon^{DCF} \qquad 式（8-17）$$

$$P_{it} = \alpha_0^{DD} + \alpha_1^{DD} V_t^{DD} + \varepsilon^{DD} \qquad 式（8-18）$$

$$P_{it} = \alpha_0 + \alpha_1 V_t^{Ohlson} + \alpha_2 V_t^{DCF} + \alpha_3 V_t^{DD} + \varepsilon \qquad 式（8-19）$$

然后建立以下与股票内在价值相对应的单因素与联合回归方程：

$$V_{it} = \beta_0^{Ohlson} + \beta_1^{Ohlson} V_t^{Ohlson} + \varepsilon^{EBO} \qquad 式（8-20）$$

$$V_{it} = \beta_0^{DCF} + \beta_1^{DCF} V_t^{DCF} + \varepsilon^{DCF} \qquad 式（8-21）$$

$$V_{it} = \beta_0^{DD} + \beta_1^{DD} V_t^{DD} + \varepsilon^{DD} \qquad 式（8-22）$$

$$V_{it} = \beta_0 + \beta_1 V_t^{Ohlson} + \beta_2 V_t^{DCF} + \beta_3 V_t^{DD} + \varepsilon \qquad 式（8-23）$$

式（8-16）~式（8-23）中，P_{it} 表示第 i 只股票在第 t 时刻的股票价格，V_{it} 表示运用式（8-12）计算出的第 i 只股票在第 t 时刻的股票的内在价值，t 表示 1998~2003 年每年的 4 月 30 日，α_0^{DD}，α_1^{DD}，β_0^{DD}，β_1^{DD}，α_0^{DCF}，α_1^{DCF}，β_0^{DCF}，β_1^{DCF}，α_0^{Ohlson}，α_1^{Ohlson}，β_0^{Ohlson}，β_1^{Ohlson}，α_0，α_1，α_2，α_3，β_0，β_1，β_2，β_3 分别表示各回归方程的回归系数。

8.4 实证结果及分析

8.4.1 描述性统计量计算结果

根据式（8-12）~式（8-15）的计算可得每只样本股票在不同时刻的内在价值以及按照三种预测模型计算的不同预测期限的不同预测值，其平均值如表 8-1 所示。由表 8-1 可以看出，股票内在价值的平均值小于股票价格的平均值，自由现金流量模型预测的平均值最大，Ohlson 模型次之，股利贴现模型预测值的平均数最小。三预测模型预测值的平均数随着预测期限的增大而逐渐变小。

表 8-1 不同模型预测值及股票每股价格和价值的平均数

预测期限 (T)	2	3	4	5	6	7
样本数量	2560	2029	1413	802	492	222
每股股票价格平均值	13.89	14.64	15.33	14.20	11.92	13.50
每股股票内在价值平均值	8.05	8.33	8.58	9.24	9.54	9.80
Ohlson 模型预测值平均数	15.05	14.27	12.62	11.73	8.43	6.69
自由现金流量模型预测值平均数	42.29	36.78	29.53	26.90	18.48	10.72
股利贴现模型预测值平均数	7.52	7.31	6.90	6.67	5.20	4.53

注：每股股票价格平均数指不同样本企业在 1998~2002 年每年的 4 月 30 日收盘价格的平均值，每股股票内在价值平均值指不同样本企业按照式（8-12）计算的样本企业在 1998~2002 年每年 4 月 30 日股票内在价值的平均值，Ohlson 模型预测值平均数指按照式（8-15）计算出的不同期限预测值的平均数，同理，自由现金流量模型和股利贴现模型预测值的平均数指分别按式（8-14）和式（8-13）计算出的不同期限的预测值的平均数。

8.4.2 股票价格与三种预测模型的回归结果及分析

根据回归方程（8-16）~（8-19）的计算，可得不同单项模型的对股票价格影响的回归结果以及三种模型对股票价格的联合回归结果，如表 8-2、表 8-3 所示。

表 8-2 不同股权估价模型与股票价格 [式（8.16）~式（8.18）在不同时间期限的混合回归结果]

观测次数 (n)	期限 (T)	Ohlson 模型 [式（8-16）]		自由现金贴现模型 [式（8-17）]		股利贴现模型 [式（8-18）]	
		α_1^{Ohlson}	Adj R^2	α_1^{DCF}	Adj R^2	α_1^{DD}	Adj R^2
2560	2	0.078 (9.239)***	0.032	0.024 (10.361)***	0.040	0.187 (9.256)***	0.032
2029	3	0.063 (7.735)***	0.029	0.026 (9.571)***	0.043	0.246 (10.215)***	0.048
1413	4	0.084 (7.340)***	0.036	0.020 (5.120)***	0.018	0.296 (10.094)***	0.067
802	5	0.090 (6.187)***	0.044	0.017 (2.511)*	0.007	0.282 (6.979)***	0.056

8 Ohlson 模型、股利贴现模型、自由现金流量模型与价值相关性

续表

观测次数 (n)	期限 (T)	Ohlson 模型 [式 (8-16)]		自由现金贴现模型 [式 (8-17)]		股利贴现模型 [式 (8-18)]	
		α_1^{Ohlson}	Adj R^2	α_1^{DCF}	Adj R^2	α_1^{DD}	Adj R^2
492	6	0.083 (4.026)***	0.030	0.055 (5.936)***	0.065	0.095 (3.011)**	0.016
222	7	0.045 (4.118)***	0.067	0.111 (5.294)***	0.109	0.162 (2.276)**	0.028

注:T 表示期限,n 表示观测次数,α_1^{Ohlson}、α_1^{DCF}、α_1^{DD} 分别表示回归方程 (8-16)~方程 (8-18) 回归后的回归系数,Adj R^2 表示不同回归方程各自的调整后的判定系数,括号内的数字为 T 值,*** 表示 0.001 水平显著,** 表示 0.01 水平显著,* 表示 0.1 水平显著。

表 8-3 股票价格和三种股权估价模型的联合回归结果 [式 (8-19) 的回归结果]

观测次数 (n)	期限 (T)	式 (8-19) $P_{it} = \alpha_0 + \alpha_1 V_t^{Ohlson} + \alpha_2 V_t^{DCF} + \alpha_3 V_t^{DD} + \varepsilon$						
		α_1	α_2	α_3	$\alpha_1-\alpha_2$	$\alpha_1-\alpha_3$	F 值	Adj R^2
2560	2	0.026 (2.557)*	0.019 (7.488)***	0.134 (6.054)***	0.007 (1.966)*	-0.108 (1.310)	59.522***	0.064
2029	3	0.014 (1.520)	0.021 (7.349)***	0.196 (7.455)***	-0.007 (0.450)	-0.182 (-0.415)	58.682***	0.079
1413	4	0.031 (2.392)*	0.011 (2.859)***	0.246 (7.605)***	0.02 (0.769)	-0.215 (-0.429)	40.967***	0.078
802	5	0.049 (2.878)*	0.008 (1.164)	0.211 (4.586)***	0.041 (0.354)	-0.162 (1.310)	20.428***	0.068
492	6	0.039 (1.777)*	0.048 (4.979)***	0.061 (1.903)*	-0.009 (-0.332)	-0.022 (-0.495)	15.169***	0.080
222	7	0.104 (2.204)*	0.089 (4.028)***	0.075 (1.281)	0.015 (0.264)	0.029 (0.343)	12.447***	0.134

注:T 表示期限,n 表示观测次数,α_1、α_2、α_3 表示回归式 (8-19) 的回归系数,Adj R^2 表示不同回归方程回归后各自调整后的判定系数,F 表示回归方程的 F 值,括号内的数字为 t 值,*** 表示 0.001 水平显著,** 表示 0.01 水平显著,* 表示 0.1 水平显著。在回归中,各项回归系数的膨胀因子 VIF 均小于 3,因此不同期限的联合回归均不存在多重共线性问题。

由表 8-2 和表 8-3 可以看出以下结论:

第一,从单项回归结果来看,三模型的预测值均与股票价格呈显著的正相关关系,其中股利贴现模型的回归系数最大,但三模型对股票价格的解释力较小,除自由现金流量回归后调整后的判定系数的最大值为 0.109 外,其他回归方程的解释力均小于 0.1,而且,随着预测

期限的增大，三模型对股票价格的解释力并没有发生显著变化。同时还可以看出，无论预测期限是多大，Ohlson模型对股票价格的解释力与其他二模型并无显著差异。这与成熟资本市场的情况有较大差异（见表8-2）。这说明这三种模型均不能解释我国股票价格的大小，这与成熟资本市场有较大差异，这也从一个角度反映了我国股票价格不能反映企业的内在价值大小，从而显示了我国资本市场在研究期间的效率有待提高。

第二，从联合回归结果来看，三模型的联合回归系数均为正值，其不同期限回归的F值均显著，但三模型对股票价格的联合解释力较小，除T=7时回归后所得调整后判定系数为0.134最大外，其他期限回归所得的调整后判定系数均小于0.1。同时还可以看到，当T=2时，Ohlson模型的回归系数与自由现金流量的回归系数的差异为正且在0.1水平上显著，当T=3-5时，股利贴现模型的回归系数大于其他二模型的回归系数但不显著。总体而言，三模型的回归系数无显著差异。

8.4.3 股票内在价值与三种预测模型的回归结果及比较分析

根据回归方程（8-20）~方程（8-23）的计算，可得不同单项模型的对股票内在价值影响的回归结果以及三种模型对股票内在价值影响的联合回归结果，见表8-4、表8-5、表8-6和图8-1。

表8-4 不同股权估价模型与股票内在价值 [式（8-20）-式（8.22）]
在不同时间期限的混合回归结果

观测次数（n）	期限（T）	Ohlson模型 [式（8-20）]		自由现金贴现模型 [式（8-21）]		股利贴现模型 [式（8-22）]	
		β_1^{Ohlson}	AdjR²	β_1^{DCF}	Adj R²	β_1^{DD}	Adj R²
2561	2	0.204 (32.248)***	0.289	0.025 (12.305)***	0.055	0.238 (13.668)***	0.068

续表

观测次数 (n)	期限 (T)	Ohlson 模型 [式 (8-20)]		自由现金贴现模型 [式 (8-21)]		股利贴现模型 [式 (8-22)]	
		β_1^{Ohlson}	AdjR^2	β_1^{DCF}	Adj R^2	β_1^{DD}	Adj R^2
2030	3	0.184 (30.223)***	0.310	0.031 (12.946)***	0.076	0.251 (11.899)***	0.065
1414	4	0.217 (26.378)***	0.330	0.040 (12.970)***	0.106	0.252 (10.028)***	0.066
803	5	0.212 (19.625)***	0.324	0.061 (11.116)***	0.133	0.302 (8.647)***	0.084
492	6	0.433 (21.537)***	0.485	0.110 (9.265)***	0.147	0.299 (7.426)***	0.099
222	7	0.654 (18.508)***	0.607	0.158 (6.299)***	0.149	0.426 (6.316)***	0.150

注：T 表示期限，n 表示观测次数，β_1^{Ohlson}、β_1^{DCF}、β_1^{DD} 分别表示回归方程 (8-20)~方程 (8-22) 回归后的回归系数，Adj R^2 表示不同回归方程各自的调整后的判定系数，括号内的数字为 t 值，*** 表示 0.001 水平显著，** 表示 0.01 水平显著，* 表示 0.1 水平显著。

表 8-5 股票价值和不同股权估价模型的联合回归结果 [式 (8-23) 的回归结果]

观测次数 (n)	期限 (T)	(8-23) $V_{it} = \beta_0 + \beta_1 V_t^{Ohlson} + \beta_2 V_t^{DCF} + \beta_3 V_t^{DD} + \varepsilon$						
		β_1	β_2	β_3	$\beta_1-\beta_2$	$\beta_1-\beta_3$	F 值	Adj R^2
2560	2	0.196 (25.662)***	0.003 (1.318)	0.026 (1.513)	0.193 (22.631)***	0.170 (7.988)***	348.217***	0.289
2029	3	0.171 (24.376)***	0.012 (5.422)***	0.011 (0.525)	0.160 (20.182)***	0.161 (6.768)***	318.616***	0.320
1413	4	0.197 (20.850)***	0.019 (6.661)***	0.005 (0.235)	0.178 (16.806)***	0.192 (6.702)***	253.729***	0.349
802	5	0.184 (15.028)***	0.039 (8.119)***	0.029 (0.881)	0.145 (10.236)***	0.155 (3.843)***	160.779***	0.374
492	6	0.376 (17.777)***	0.056 (6.052)***	0.102 (3.332)**	0.157 (6.954)***	0.274 (6.478)***	184.978***	0.529
222	7	0.578 (15.670)***	0.052 (2.998)**	0.175 (3.826)***	0.485 (7.440)***	0.402 (6.118)***	135.431***	0.646

注：T 表示期限，n 表示观测次数，β_1、β_2、β_3 表示回归方程 (8-23) 的回归系数，Adj R^2 表示不同回归方程回归后各自调整后的判定系数，F 表示回归方程的 F 值，括号内的数字为 t 值，*** 表示 0.001 水平显著，** 表示 0.01 水平显著，* 表示 0.1 水平显著。在回归中，各项回归系数的膨胀因子 VIF 均小于 3，因此不同期限的联合回归均不存在多重共线性问题。

表 8-6 股票内在价值与不同股权估价模型回归增量解释力回归结果

期限 (T)	T=2	T=3	T=4	T=5	T=6	T=7
观测次数 (n)	n=2561	n=2030	n=1414	n=803	n=492	n=222
Cash+div (R_{CD}^2)	0.107	0.120	0.149	0.198	0.226	0.251

续表

期限 （T）	T=2	T=3	T=4	T=5	T=6	T=7
Ohlson+div （R_{ED}^2）	0.289	0.310	0.329	0.323	0.495	0.633
Ohlson+cash （R_{EC}^2）	0.289	0.320	0.350	0.374	0.519	0.633
Ohlson+cash+div （R_{ECD}^2）	0.289	0.320	0.349	0.374	0.529	0.646
Incre Ohlson	0.182	0.2	0.2	0.176	0.303	0.395
Incre cash	0	0.01	0.02	0.051	0.034	0.013
Incre div	0	0	−0.001	0	0.01	0.013

注：表中的数据是回归后所得的调整后的 R^2，cash+div （R_{CD}^2） 行中的数据表示股票内在价值与自由现金流量模型和股利贴现模型回归所得的调整后的判定系数，用 R_{CD}^2 表示，Ohlson+div （R_{ED}^2） 表示与 Ohlson 模型和自由现金流量模型回归所得的调整后的判定系数，用表示 R_{ED}^2，余下以此类推。Inre Ohlson 表示 Ohlson 模型的增量解释力，Incre cash 表示自由现金流量模型的增量解释力，Incre div 表示股利贴现模型的增量解释力。Incre Ohlson=$R_{ECD}^2 - R_{CD}^2$，Incre cash=$R_{ECD}^2 - R_{EC}^2$，Incre div=$R_{ECD}^2 - R_{EC}^2$。

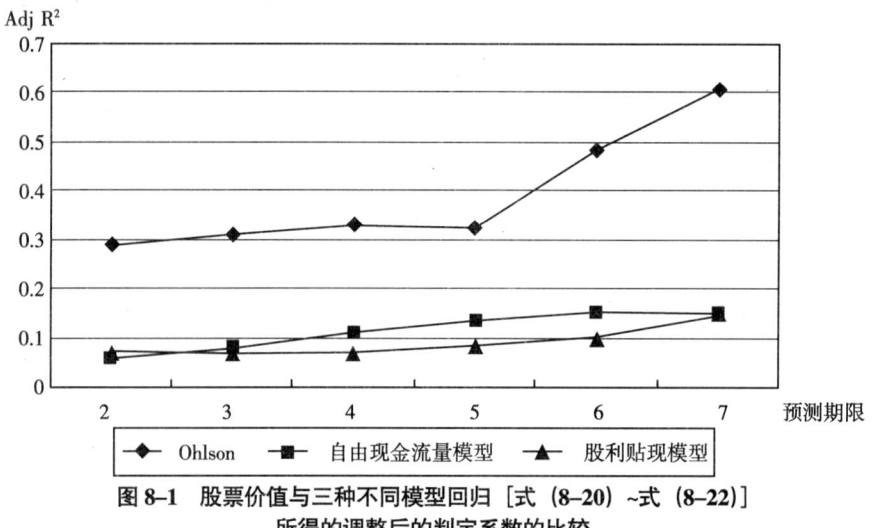

图 8-1 股票价值与三种不同模型回归 [式 （8-20）~式 （8-22）] 所得的调整后的判定系数的比较

由表 8-4、表 8-5、表 8-6 和图 8-1 可以看出：

第一，Ohlson 模型与股票价值在预测期限 T=2-7 时均呈显著的正相关关系，其回归系数和调整后的判定系数均随着预测期限的增大而增大，其最大值分别为 0.654 和 0.607（见表 8-4）。这说明 Ohlson 模型对股票的价值有较强的解释力以及 Ohlson 模型在计算企业内在价值方面的有用性。

第二，自由现金流量模型、股利贴现模型均与股票内在价值呈显

8 Ohlson 模型、股利贴现模型、自由现金流量模型与价值相关性

著的正相关关系，且随着预测年份的增大，其回归系数和调整后的判定系数均逐步变大（见表 8-4），这说明预测年限越长，此二模型预测的股票内在价值就越准确。与价格的回归相比，此二模型对价值的解释力均明显高于对价格的解释力。

第三，在对股票价值解释力方面，Ohlson 模型远高于自由现金流量模型和股利贴现模型。由表 8-4 和图 8-1 可以看出，Ohlson 模型预测值与股票内在价值回归所得的调整后的判定系数远高于其他二模型的，这就进一步证明了 Ohlson 模型的有用性。

第四，三模型对股票价值的联合解释力远高于对股票价格的解释力。由表 8-5 可以看出，三模型与股票价值联合回归的 Adj R^2 分别为 0.289、0.320、0.349、0.374、0.529、0.646，远高于与股票价格的回归结果，而且随着预测期限 T 的增大而逐步变大，其 F 值均显著。

第五，Ohlson 模型对股票价值的解释力最大。在股票价值与三模型的联合回归中，只有 Ohlson 模型的回归系数一直显著为正且显著大于其他二模型的回归系数，其代表回归系数显著性的 t 值也远大于其他二模型回归系数的 t 值。从三模型各自增量解释力上看，Ohlson 模型的增量解释力也远大于其他二模型的，而自由现金流量模型和股利贴现模型在增量解释力方面差异不大。增量解释力如表 8-6 所示。

8.5 本章小结

本章首先假定我国资本市场一年比一年有效，以 2004 年 12 月 31 日的股票价格为内在价值，将每年收到的股利逐年以年税后储蓄存款利率进行贴现，然后再加上 2004 年 12 月 31 日股票价格的贴现值，从

而计算出 1997~2002 年每年股票的内在投资价值。接着，本章运用 Penman 和 Sougiannis（1998）的研究方法，假定能够 100%准确地预测未来的财务信息，亦即通过事实上已经存在的财务数据，运用股利贴现模型、自由现金流量贴现模型、Ohlson 模型对 1997~2002 年的股票在不同预测期间的预测值进行计算，并和其对应的股票价格及内在价值进行混合回归分析，发现：①Ohlson 模型在所有预测期间对股票的价格几乎没有解释力，这与成熟资本市场具有较大差异。②Ohlson 模型对股票的内在价值具有明显的较其他二模型强的解释力，从而证明了 Ohlson 模型对计算企业内在投资价值的有用性；同时，也说明我国股票价格在研究期间不能反映其真正内在价值的大小，因此我国资本市场的效率有待提高。③随着预测期限的增大，Ohlson 模型、自由现金流量模型、股利贴现模型对股票内在价值的解释力均逐步增大，但 Ohlson 模型的解释力始终高于其他二模型的解释力，从而证明了对未来准确预测的期限越长，计算出的预测值就越准确。总之，本章的研究证明了 Ohlson 模型对计算股票内在价值的有用性，即预测以责权发生制为基础的利润比预测自由现金流量和股利支付更有用。

9 国内会计准则、国际会计准则与价值相关性

根据第 8 章的实证分析，我们发现 Ohlson 模型的非线性形式股票内在价值的解释力远高于股利贴现模型和自由现金流量模型，从而进一步证明该模型的有用性。本章在第 8 章研究的基础上，运用 Ohlson 模型的非线性形式，分别以 A 股股票价格和 H 股股票价格为评价标准，对国内会计准则和国际会计准则的价值相关性进行比较，从而比较不同会计准则的有用性，为我国会计准则的改革提供实证依据。本章的结构是这样安排的：第一部分文献综述；第二部分设计了本章的研究方法；第三部分说明了数据来源；第四部分根据第三部分的研究设计给出计算结果，并对研究结果进行了详细分析；第五部分得出了本章的研究结论。

9.1 文献回顾

由第 1 章的文献回顾中可以看出，在我国会计准则和国际会计准则价值相关性的比较研究中，存在两种观点。认为国际会计准则价值

相关性较国内会计准则价值相关性高的主要有万继峰等（2005）、姜国华等（2006）、陆静（2007）。认为国内会计准则价值相关性较国际会计准则价值相关性高的主要有潘琰等（2003）、李晓强（2004）、王建新（2005）。目前，国内外学者对我国两种会计准则的价值相关性的研究不仅结论不尽一致，而且存在以下不足：

第一，Heibatollah（2001）等的研究是针对1994~2000年的A、B股的情形，而潘琰、李晓强、万继峰等研究的是2001~2003年的情形，其时间不一致，由于早期我国B股市场股价较低，而自2001年2月19日起，我国允许境内居民以合法持有的外币交易B股，自此B股市场异常火暴，投机气氛浓厚，因此降低了B股的价值相关性，所以潘琰、李晓强等得出了与Heibatollah等相反的研究结论。而万继峰（2005）等通过增加其他控制变量得出了与Heibatollah等一致的结论。此外，王建新（2005）、姜国华等（2006）的研究只能从局部而不能从总体说明问题。

第二，现有的研究一般将A股股票价格与国内会计准则相对应、B股或H股与国际会计准则相对应进行回归，故理所当然地假定B股或H股投资者只对依照国际会计准则产生的会计信息做出反应，而A股投资者仅对依照国内会计准则产生的会计信息做出反应，而实际情况是：同时在中国内地、中国香港上市的企业在其公布的年报中同时披露两种会计准则所产生的不同会计信息，因此无论是A股投资者还是B股或H股投资者都会得到这两种不同的会计信息，因此他们都会对这两种会计信息做出不同的反应。此外，A股与B股市场以及H股市场可能具有不同的效率，而现有的比较研究隐含着这样的假定：A股市场与B股市场以及H股市场的效率相同，因此现有的研究结论不能充分说明问题。针对以上不足，本章运用Ohlson模型，借鉴Penman和Sougiannis（1998）的研究方法，假定投资者能够准确地预测未来依据国内会计准则和国际会计准则所生成的会计数据,即运用国内和国际会计准则实际已生成的财务数据的方法,分别计算两种会计准则根据 Ohlson 模型在不同时间跨度的预测价值,对我国上市公司运用国内和国际两种会计准则提供的会计信息的有用性进行比较。

本章的主要贡献在于以下几方面:①运用 Ohlson 模型并借鉴 Penman 和 Sougiannis(1998)的三种价值评估研究方法,假定投资者能够准确地预测未来依据国内会计准则和国际会计准则所生成的会计数据(运用国内和国际会计准则实际已生成的财务数据的方法),对我国上市公司运用国内和国际会计准则提供的会计信息的有用性进行了比较研究。②分别以 A 股股票价格和 H 股股票价格为股票内在价值评价标准对国内和国际会计准则有用性进行比较,从而避免由于市场效率差异而可能产生的错误结论,这与现有学者的研究假定具有本质的不同。③提供了比较充足的证据证明国际会计准则明显优于国内会计准则,为我国会计准则进一步国际化提供了更为充足的实证依据,同时也为投资者进行投资决策提供实证依据。

9.2 研究设计

根据 Ohlson 模型(4-8),股票 i 的在时刻 t 的内在价值可表示为如下形式:

$$V_{it} = BV_{it} \sum_{\tau=1}^{T} \frac{EPS_{i,\tau+1} - kBV_{i\tau}}{(1+k)^{\tau}} + \sum_{\tau=T+1}^{\infty} \frac{EPS_{i,\tau+1} - kBV_{i\tau}}{(1+k)^{\tau}} \quad \text{式}(9-1)$$

式中,V_{it} 表示股票 i 在时刻 t 的内在价值,BV_{it}、$BV_{i\tau}$ 分别表示第 i 只股票在时刻 t 和时刻 τ 的每股净值,$EPS_{i,\tau+1}$ 表示股票 i 在时刻 $\tau+1$

的每股收益，k 表示贴现率，由于成熟资本市场投资股票的报酬率为 10%，因此，本章参照 Penman 和 Sougiannis（1998）的研究，将贴现率设为 10%，T 表示预测期限。式（9-1）中，等式右边第一项和第二项之和为第 1 到 T 期的预测值，第三项表示第 T 期之后的预测值。为了比较不同会计准则产生的会计信息的不同价值相关性，本章采用 Penman S.H.的研究方法，假定投资者可 100%准确地预测未来 T 年的财务信息，即用过去已经生成的财务数据来代表投资者的预测价值。第 T 年后的预测值的计算方法如下：以往学者的研究中多以第 T+1 年的超额收益为准来预测第 T+1 年后的预测值，由于企业的超额收益可能会波动，以单一年限为准可能会得到不稳定的结果，故本章假定从第 T+1 年开始，企业的超额收益能够以前 T 年平均值的数额持续下去，由于运用该公式计算的预测值可能会是负数，这与股票价格不可能是负数的这一现实相矛盾，故当预测值为负数时，本章将预测值设为零。这样，按照国内和国际会计准则计算的企业的内在价值的预测值的计算公式分别如下：

$$V_{it}^{PRC} = BV_{it}^{PRC} + \sum_{\tau=1}^{T} \frac{EPS_{i,\tau+1}^{PRC} - kBV_{i\tau}^{PRC}}{(1+k)^\tau} + (\sum_{\tau=1}^{T} \frac{EPS_{i,\tau+1}^{PRC} - kBV_{i\tau}^{PRC}}{(1+k)^\tau})/(Tk)$$

式（9-2）

$$V_{it}^{H} = BV_{it}^{H} + \sum_{\tau=1}^{T} \frac{EPS_{i,\tau+1}^{H} - kBV_{i\tau}^{H}}{(1+k)^\tau} + (\sum_{\tau=1}^{T} \frac{EPS_{i,\tau+1}^{H} - kBV_{i\tau}^{H}}{(1+k)^\tau})/(Tk)$$

式（9-3）

式（9-2）和式（9-3）中，V_{it}^{PRC} 表示企业 i 在第 t 时刻按照国内会计准则计算的财务信息的预测价值，V_{it}^{H} 表示企业 i 在第 t 时刻按照香港或国际会计准则计算的财务信息的预测价值，$BV_{i\tau}^{PRC}$ 表示第 i 上市公司在第 τ 会计年度的按照国内会计准则计算的每股净值，$EPS_{i,\tau+1}^{PRC}$ 表示第 i 上市公司在第 τ+1 会计年度的按照境内会计准则计算的每股收益，$BV_{i\tau}^H$ 表示第 i 上市公司在第 τ 会计年度的按照国际会计准则或香港会计准则计算的每股净值，$EPS_{i,\tau+1}^H$ 表示第 i 上市公司在第 τ+1 会计年度的按照国际会计准则或香港会计准则计算的每股收益。

为了比较不同会计准则会计信息的有用性，本章首先以 A 股股票价格为评价标准，建立如下单项与联合回归模型：

$$P_{it}^A = \alpha_0 + \alpha_1 V_{it}^{PRC} + \varepsilon_{PRC} \qquad 式（9-4）$$

$$P_{it}^A = \beta_0 + \beta_1 V_{it}^H + \varepsilon_H \qquad 式（9-5）$$

$$P_{it}^A = \chi_0 + \chi_1 V_{it}^{PRC} + \chi_2 \; V_{it}^H + \mu_A \qquad 式（9-6）$$

接着，本章以 H 股股票价格为评价标准，建立如下单项与联合回归模型：

$$P_{it}^H = \gamma_0 + \gamma_1 V_{it}^{PRC} + \mu_{PRC} \qquad 式（9-7）$$

$$P_{it}^H = \omega_0 + \omega_1 V_{it}^H + \mu_H \qquad 式（9-8）$$

$$P_{it}^H = \eta_0 + \eta_1 V_{it}^{PRC} + \eta_2 \; V_{it}^H + \mu_H \qquad 式（9-9）$$

式（9-4）~式（9-9）中，P_{it}^A 表示第 i 上市公司在第 t 时刻的 A 股的股票价格，P_{it}^H 表示第 i 上市公司在第 t 时刻的 H 股的按当日汇率折算的人民币股票价格，V_{it}^{PRC} 表示企业 i 在第 t 时刻按照国内会计准则计算的财务信息的 Ohlson 模型预测价值，V_{it}^H 表示企业 i 在第 t 时刻按照香港或国际会计准则计算的财务信息的 Ohlson 模型预测价值，α_0、α_1、α_2、β_0、β_1、β_2、χ_0、χ_1、χ_2、η_0、η_1、η_2 表示回归系数，ε_{PRC}、ε_H、μ_A、μ_H 表示回归产生的随机误差。

根据式（9-4）~式（9-9）的回归结果，通过比较不同会计准则预测模型回归系数的大小，可比较不同会计准则的有用性。

最后，为进一步比较依照不同会计准则所计算的财务信息预测股票内在价值的准确程度，首先，以 A 股股票价格股票内在价值的评价标准来计算不同会计准则预测值的准确度，第 i 个企业在第 t 时刻按照不同会计准则预测值的准确度的计算公式分别如下：

$$\text{Rrror}_{it}^{Aprc} = \frac{|P_{it}^A - V_{it}^{PRC}|}{P_{it}^A} \qquad 式（9-10）$$

$$\text{Rrror}_{it}^{Ah} = \frac{|P_{it}^A - V_{it}^H|}{P_{it}^A} \qquad 式（9-11）$$

式（9-10）和式（9-11）中，Rrror_{it}^{Aprc} 表示第 i 个企业在第 t 时刻按照国内会计准则预测值计算的与其股票 A 股价格相比的预测准确度，Rrror_{it}^{Ah} 表示第 i 个企业在第 t 时刻按照国际会计准则预测值计算的与其股票 A 股价格相比的预测准确度，P_{it}^A 表示第 i 个企业在第 t 时刻的 A 股价格（这里一般指当年 4 月末的 A 股收盘价格）。

接着，以 H 股股票价格股票内在价值的评价标准来计算不同会计准则预测值的准确度，第 i 个企业在第 t 时刻按照不同会计准则预测值的准确度的计算公式分别如下：

$$\text{Rrror}_{it}^{Hprc} = \frac{|P_{it}^H - V_{it}^{PRC}|}{P_{it}^H} \qquad 式（9-12）$$

$$\text{Rrror}_{it}^{Hh} = \frac{|P_{it}^H - V_{it}^H|}{P_{it}^H} \qquad 式（9-13）$$

式（9-12）和式（9-13）中，Rrror_{it}^{Hprc} 表示第 i 个企业在第 t 时刻按照国内会计准则预测值计算的与其股票 H 股价格相比的预测准确度，Rrror_{it}^{Hh} 表示第 i 个企业在第 t 时刻按照国际会计准则预测值计算的与其股票 H 股价格相比的预测准确度，预测误差越小，P_{it}^H 表示预测越准确。表示第 i 个企业在第 t 时刻的 H 股价格（这里一般指当年 4 月末的 H 股收盘价格，同时按照当天我国国家外汇管理局公布的港元—人民币价格的中间价折算成人民币，2004 年 4 月 30 日为 1.0609，2005 年 4 月 30 日为 1.0611，2006 年 4 月 28 日为 1.03387，2007 年 4 月 30 日为 0.98518）

通过式（9-2）~式（9-3），可计算出按照不同会计准则产生的财

9 国内会计准则、国际会计准则与价值相关性

务信息的每只股票在 2004 年到 2006 年不同预测期间（预测期限 T=1–3）的基于 Ohlson 线性模型的预测值，然后根据式（9–10）~式（9–13），可计算出每只股票分别与其 A 股或 H 股股票价格相对应的预测误差，将每只股票的预测误差相加并除以 28，可得预测误差的平均值，该平均值越大，表示预测的准确度越低，该会计信息的有用性越小，反之则表示有用性越大。根据预测误差平均值的大小，可比较不同会计准则预测值的准确程度，从而进一步比较不同会计准则的有用性。

9.3 数据来源

选取在 2003~2007 年已经在内地和香港同时发行 A 股和 H 股的并能够取得国内和国际会计准则财务数据以及股票成交价格的上市公司为研究对象，由于有一家上市公司（吉林化工）已经退市，因此符合上述条件的上市公司共有 28 家，具体见表 9–1。

9.4 研究结果与分析

9.4.1 以 A 股股票价格为评价标准的不同会计准则预测值与股票价格相关性的比较

根据回归等式（9–2）~式（9–3），可得以 A 股股票价格为价值衡

量标准的单项和联合回归结果，分别如表 9-1、表 9-2 所示：

表 9-1　A 股股票价格与国内、国际会计准则预测值的单项回归结果

回归方程与回归系数　预测期限 T		国内会计准则 回归方程：$P_{it}^A = \alpha_0 + \alpha_1 V_{it}^{PRC} + \varepsilon_{PRC}$			国际会计准则 回归方程：$P_{it}^A = \beta_0 + \beta_1 V_{it}^H + \varepsilon_H$		
		α_0	α_1	AdjR²	β_0	β_1	AdjR²
T=3	不考虑 T 期后的预测值	4.869 (4.159)***	1.186 (2.884)**	0.213	3.685 (3.599)***	1.562 (4.607)***	0.428
T=3	考虑 T 期后的预测值	6.531 (7.639)***	0.392 (2.166)*	0.120	6.010 (7.350)***	0.496 (3.111)**	0.243
T=2	不考虑 T 期后的预测值	3.425 (3.286)**	0.715 (1.927)*	0.091	2.057 (2.405)*	1.191 (4.196)***	0.381
T=2	考虑 T 期后的预测值	4.121 (6.552)***	0.307 (2.650)*	0.182	3.669 (6.414)***	0.395 (4.013)***	0.359
T=1	不考虑 T 期后的预测值	5.54 (4.413)***	1.121 (2.791)**	0.201	3.995 (3.943)***	1.460 (4.356)***	0.400
T=1	考虑 T 期后的预测值	3.459 (6.367)***	0.739 (5.693)***	0.538	3.273 (5.807)***	0.733 (5.722)***	0.540

注：括号内为 t 值，* 表示 0.1 水平显著，** 表示 0.01 水平显著，*** 表示 0.001 水平显著。

资料来源：按照国际会计准则计算的财务数据来自新浪网站（http://finance.sina.com.cn）以及香港证券交易所网站（http://www.hkex.com.hk/index.htm）中所公布的每家公司的年报（通过手工收集将数据输入计算机），按照国内会计准则计算的财务数据以及股票价格等数据来自国泰安数据库，香港 H 股股票的成交价格来自雅虎财经网站（http://hk.finance.yahoo.com）。表 9-2~表 9-6 同此。

表 9-2　A 股股票价格与国内、国际会计准则预测值的联合回归结果

预测期限	回归系数	$P_{it}^A = \chi_0 + \chi_1 V_{it}^{PRC} + \chi_2 V_{it}^H + \mu_A$				
		χ_1	χ_2	$\chi_2 - \chi_1$	AdjR²	VIF（膨胀因子）
T=3	不考虑 T 期后的预测值	−0.189 (−0.332)	1.705 (3.091)**	1.895 (1.790)*	0.408	2.556
T=3	考虑 T 期后的预测值	−0.387 (−1.023)***	0.825 (2.297)*	1.211 (1.688)*	0.245	5.058
T=2	不考虑 T 期后的预测值	−0.347 (−0.801)	1.486 (3.671)***	1.833 (2.388)*	0.384	1.858
T=2	考虑 T 期后的预测值	−0.619 (−2.314)	0.951 (3.702)***	1.570 (3.044)**	0.451	7.944
T=1	不考虑 T 期后的预测值	0.785 (1.411)	0.958 (1.678)	0.173 (0.162)**	0.463	2.921
T=1	考虑 T 期后的预测值	0.371 (1.052)	0.391 (1.121)	0.020 (0.029)	0.542	4.459

注：括号内为 t 值，T 表示预测期限，* 表示 0.1 水平显著，** 表示 0.01 水平显著，*** 表示 0.001 水平显著。

由表 9-1 可以看出，国际会计准则的对 A 股股票价格的解释力远高于国内会计准则。

（1）从单项回归调整后的判定系数来看，无论是不考虑 T 期后的预测值还是考虑 T 期后的预测值，无论是预测期限为 3 年还是预测期限为 1 年，国际会计准则预测值回归后调整后的判定系数均大于国内会计准则预测值回归后的判定系数。

（2）从不同会计准则预测值的回归系数来看，在所有预测期限中，国际会计准则预测值的回归系数均大于国内准则的回归系数。

由联合回归结果表 9-2 可以看出，①除在预测期限 T=1 和 T=3 且考虑 T 期后的预测值时外，所有基于国内会计准则的预测值与 A 股股票价格的回归系数均为负数，其中大部分不显著为负。②除在预测期限 T=1 外，所有基于国际会计准则的预测值与 A 股股票价格的回归系数均显著为正。③除 T=3 且考虑 T 期后的预测值时外，基于国际会计准则预测值的回归系数显著大于基于国内会计准则的预测值的回归系数，这就证明了以 A 股股票价格为衡量标准时，国际会计准则产生的会计信息明显优于国内会计准则产生的会计信息，同时也说明，未来会计信息准确度高的时间越长，国际会计准则优于国内会计准则就越明显。④由于国内会计准则和国际会计准则生成净利润和净资产较为接近，故不同准则的预测值也就较为接近，这就使人们担心联合回归会存在多重共线性问题，但从回归结果的膨胀因子 VIF 来看，其值均低于 10 或 5，因此不存在多重共线性问题。

9.4.2　以 H 股股票价格为评价标准的不同会计准则预测值与股票价格相关性的比较

根据回归等式（9-7）~式（9-9），可得以 H 股股票价格为价值衡量标准的单项和联合回归结果，分别如表 9-3、表 9-4 所示：

表 9-3 H 股股票价格与国内、国际会计准则预测值的单项回归结果

回归方程 与回归系数 预测期限 T		国内会计准则 回归方程：$P_{it}^H = \gamma_0 + \gamma_1 V_{it}^{PRC} + \mu_{PRC}$			国际会计准则 回归方程：$P_{it}^H = \omega_0 + \omega_1 V_{it}^H + \mu_H$		
		γ_0	γ_1	AdjR²	ω_0	ω_1	AdjR²
T=3	不考虑 T 期后的预测值	1.657 (2.532)*	0.570 (2.482)*	0.160	0.810 (1.481)	0.857 (4.731)***	0.442
	考虑 T 期后的预测值	2.409 (5.172)***	0.203 (2.062)*	0.108	2.041 (4.729)***	0.258 (3.389)**	0.280
T=2	不考虑 T 期后的预测值	1.852 (1.905)*	0.656 (1.893)*	0.087	−0.002 (−0.003)	1.311 (5.671)***	0.536
	考虑 T 期后的预测值	2.609 (4.526)***	0.251 (2.369)*	0.146	2.121 (4.138)***	0.355 (4.021)***	0.360
T=1	不考虑 T 期后的预测值	−0.462 (−0.421)	1.929 (5.090)***	0.480	−1.155 (−1.092)	2.129 (5.949)***	0.560
	考虑 T 期后的预测值	1.957 (3.162)**	0.901 (6.092)***	0.572	1.654 (2.687)*	0.917 (6.562)***	0.609

注：括号内为 t 值，* 表示 0.1 水平显著，** 表示 0.01 水平显著，*** 表示 0.001 水平显著。

表 9-4 H 股股票价格与国内、国际会计准则预测值的联合回归结果

回归系数 预测期限		$P_{it}^H = \eta_0 + \eta_1 V_{it}^{PRC} + \eta_2 V_{it}^H + \mu_H$				
		η_1	η_2	$\eta_2 - \eta_1$	AdjR²	VIF (膨胀因子)
T=3	不考虑 T 期后的预测值	−0.301 (−1.036)	1.091 (3.772)***	1.401 (2.524)*	0.444	2.556
	考虑 T 期后的预测值	−0.334 (−1.737)*	0.569 (3.117)**	0.903 (2.474)*	0.332	5.085
T=2	不考虑 T 期后的预测值	−0.551 (−1.693)	1.661 (5.458)***	2.212 (3.833)***	0.567	1.858
	考虑 T 期后的预测值	−0.747 (−3.430)**	1.026 (4.904)***	1.772 (4.221)***	0.547	7.944
T=1	不考虑 T 期后的预测值	0.724 (1.227)	1.526 (2.519)*	0.802 (0.705)	0.569	2.921
	考虑 T 期后的预测值	0.280 (0.720)	0.659 (1.711)	0.379 (0.497)	0.602	7.459

注：括号内为 t 值，T 表示预测期限，* 表示 0.1 水平显著，** 表示 0.01 水平显著，*** 表示 0.001 水平显著。

由表 9-3 可以看出，国际会计准则的对 H 股股票价格的解释力同样远高于国内会计准则。

(1) 从单项回归调整后的判定系数来看，无论是不考虑 T 期后的预测值还是考虑 T 期后的预测值，无论是预测期限为 3 年还是预测期限为 1 年，国际会计准则预测值回归调整后的判定系数均大于国内会计准则预测值回归后的判定系数。

(2) 从不同会计准则预测值的回归系数来看，在所有预测期限中，国际会计准则预测值的回归系数均大于国内会计准则的回归系数。

由 H 股股票价格与两种会计准则预测值的联合回归结果表 9-4 可以看出，①除在预测期限 T=1 外，所有基于国内会计准则的预测值与 A 股股票价格的回归系数均为负数。②除表 9-4 最后一行外，所有基于国际会计准则的预测值与 H 股股票价格的回归系数均显著为正。③除 T=1 外，基于国际会计准则预测值的回归系数显著大于基于国内会计准则的预测值的回归系数，这就证明了以 A 股股票价格为衡量标准时，国际会计准则产生的会计信息明显优于国内会计准则产生的会计信息，同时，预测的期限越长，两者的差异就越大。④由表 9-4 最后一列可以看出，从回归结果的膨胀因子 VIF 来看，其值均低于 10 或 5，因此不存在多重共线性问题。

9.4.3 不同会计信息预测值准确度的比较

根据预测误差计算公式（9-12）~式（9-13），可计算出不同会计准则的预测误差的平均值，其计算结果如表 9-5 和表 9-6 所示。

表 9-5　A 股股票价格与国内会计准则、国际会计准则预测值误差的平均值比较

准则类型 \ 预测期限	T=3 不考虑 T 期后的预测值	T=3 考虑 T 期后的预测值	T=2 不考虑 T 期后的预测值	T=2 考虑 T 期后的预测值	T=1 不考虑 T 期后的预测值	T=1 考虑 T 期后的预测值
国内会计准则	0.6706	0.7157	0.5016	0.7054	0.5128	0.6293
国际会计准则	0.6584	0.6858	0.4883	0.6927	0.4982	0.5830

注：T 表示预测期限，表中的数据表示预测误差的平均值。

表 9-6　H 股股票价格与国内、国际会计准则预测值误差的平均值比较

预测期限 准则类型	T=3		T=2		T=1	
	不考虑T期后的预测值	考虑T期后的预测值	不考虑T期后的预测值	考虑T期后的预测值	不考虑T期后的预测值	考虑T期后的预测值
国内会计准则	0.3704	0.8517	0.3889	0.7177	0.4441	0.5398
国际会计准则	0.3499	0.8237	0.3813	0.6954	0.4468	0.5025

注：T 表示预测期限，表中的数据表示预测误差的平均值。

由表 9-5 可以看出，当以 A 股股票价格为股票内在预测值为度量标准时，无论是预测期限 T=1 还是预测期限 T=3，无论是不考虑 T 期后的预测值还是考虑 T 期后的预测值，依靠国际会计准则产生的会计信息的预测误差率均小于依靠国内会计准则产生的会计信息的预测误差率，因此，国际会计准则编制的会计信息具有更强的预测性，其预测的准确程度高于国内会计准则预测的准确程度，这不仅说明我国投资者对国际会计准则生成的会计信息的关注程度较国内会计准则高，而且也进一步证明了国际会计准则的有用性较国内会计准则强。

由表 9-6 可以看出，当以 H 股股票价格为股票内在价值为度量标准时，无论是预测期限 T=1 还是预测期限 T=3，无论是不考虑 T 期后的预测值还是考虑 T 期后的预测值，依靠国际会计准则产生的会计信息的预测误差率同样均小于依靠国内会计准则产生的会计信息的预测误差率，因此，这也从另一个角度说明，按照 H 股股票价格为标准的国际会计准则编制的会计信息具有更强的预测性，其预测的准确程度高于国内会计准则预测的准确程度，这不仅说明香港投资者对国际会计准则生成的会计信息的关注程度较国内会计准则高，而且也进一步证明了国际会计准则的有用性较国内会计准则强。

9.5 本章小结

通过以上运用 Ohlson 模型对国内、国际会计准则的实证比较研究，本章可以得出以下结论：无论是以 A 股股票价格还是以 H 股股票价格为股票内在价值评价标准，无论是考虑 T 期后的预测值还是不考虑 T 期后的预测值，基于国际会计准则的预测值与 A 股股票价格的回归系数显著大于基于国内会计准则的预测值的回归系数；同时，依靠国际会计准则进行股票内在价值预测的误差率较依靠国内会计准则进行股票内在价值的小。这一方面说明了无论是我国境内投资者还是香港投资者都更加关注运用国际会计准则产生的会计信息，另一方面也说明国际会计准则的有用性较国内会计准则大。总而言之，本章的实证研究结论显示了我国会计准则有必要进一步借鉴国际会计准则的必要。

10 Ohlson 模型、固定股利支付比率与盈余可持续性

第 5~9 章运用 Ohlson 模型研究了我国会计信息的价值相关性，下面第 10~11 章将运用 Ohlson 模型研究我国上市公司的盈余可持续性。其中，第 10 章假定企业按利润大小的固定比率支付给股东股利，在借鉴 Kormendi 和 Lipe 盈余可持续模型的基础上，运用 Ohlson 模型对 Kormendi 和 Lipe 的盈余可持续模型进行了优化，并构建出了更符合现实条件的盈余可持续性指标模型。接着，对本章的盈余可持续性指标和 Kormendi 和 Lipe 的盈余可持续性指标的有用性进行了比较性的实证检验。我国 34 家上市公司的意外盈余反应系数的实证分析表明：本书的盈余可持续性优化模型对我国上市公司的盈余反应系数具有更强的相关性，从而进一步证明了本书的更符合现实假设之下的盈余可持续性模型的有用性。

10.1 文献回顾

企业盈余可持续性对股票内在价值及其投资回报率有很大的影响，我国的一些上市公司，如泸州老窖等，其盈余可持续性好，投资者取

得了数十甚至数百倍的投资回报，而另一些上市公司，如四川长虹等，其盈余可持续性差，造成部分投资者蒙受巨大经济损失。因此，研究企业盈余可持续性对投资者运用会计信息进行正确投资具有重大理论和现实意义。此外，对企业盈余可持续性的研究还可降低证券市场的信息成本，减少错误定价的机会，保护投资者的利益，促进我国资本市场的健康发展。

在 Ball 和 Brown 开创性地研究股票价格与会计信息的关系之后，有数不清的学者对股票投资回报与企业盈余的关系进行了研究。最早提出企业盈余可持续性概念的是 Miller 和 Rock（1985），他们在一个两阶段模型中指出，股票价格对企业意外盈余的反应可用盈余"可持续性"的函数表示，即意外盈余对未来盈余的信息功效，因此盈余可持续性为意外盈余在未来重复出现可能性的大小。在借鉴 Miller 和 Rock 盈余可持续模型的基础上，Kormendi 和 Lipe 构建了当期盈余与以往各期盈余的时间序列计量经济学模型，并以盈余时间序列回归的残差作为意外盈余，在假定企业未来支付给股东的股利等于企业所有盈余的基础上，构建出了经典性的企业盈余可持续性指标：PVR 值。该模型的出现引起了学者们的极大兴趣。之后，不少学者以该模型所得出的盈余可持续性指标为基础，对影响盈余可持续的因素进行了更深入的研究。然而，Kormendi 和 Lipe 的企业未来支付给股东的股利等于企业所有盈余的假设与现实有较大差距。事实上，在激烈竞争的市场环境中，如果企业把盈利全部支付给股东而不把企业做强做大，该企业必将在激烈竞争的市场中被淘汰出局，其盈余根本不可能持续。特别当企业具有稳定的发展环境和良好的行业发展前景时，企业盈利不仅是企业持续成长的有效保证，更是企业盈余可持续性的基础。例如，微软公司连续数十年不发放股利，创造出了依靠企业自身盈利由小企业成长为超级企业的神话。不少研究表明，企业股利支付率等因素会对企业盈余可持续性产生影响。由于当时（1987 年）Ohlson 模型尚未出现，股票内在价值与会计信息之间准确的数学逻辑关系尚不存在，因此 Kormendi 和 Lipe 做出企业未来支付给股东的股利等于企业所有盈余的过于强的假设实在是无奈之举。

本章的创新点在于：针对 Kormendi 和 Lipe 盈余可持续性指标模型的不足，借助 Ohlson 模型中股票内在价值与会计信息之间准确的数学逻辑关系，假定企业仅把企业盈余按一定的比率支付给股东，在借鉴 Kormendi 和 Lipe 盈余可持续模型的基础上，推出了具有严密逻辑关系的新的更符合现实条件的盈余可持续性指标。同时，运用我国的上市公司的股票价格与会计信息的数据，对本书提出的盈余可持续性指标和 Kormendi 和 Lipe 的盈余可持续性指标的有用性进行了比较性的实证检验，发现本书的盈余可持续性指标具有更强的解释力，从而进一步证明了本书提出的的更符合现实假设之下的盈余可持续性模型的有用性。

10.2 基于 Ohlson 模型的盈余可持续性指标的构建

10.2.1 股票投资回报与盈余之间的关系

假定投资回报与意外盈余之间的线性回归关系如式（10-1）所示，第 t 期盈余 X_t 与第 t-i 期盈余 X_{t-i} 之间的时间序列关系存在着式（10-2）所示的一阶差分时间序列关系：

$$R_t = k_1 + \alpha_0 \cdot \frac{UX_t}{P_{t-1}} + UR_t \qquad 式（10-1）$$

$$\Delta X_t = k_2 + \sum_{i=1}^{N} b_i \Delta X_{t-i} + UX_t \qquad 式（10-2）$$

式（10-1）和式（10-2）中，ΔX_t 表示盈余 X_t 的一阶差分，UX_t 是方程（10-2）回归后的随机误差，这里表示意外盈余，UR_t 表示方程（10-1）回归后的随机误差，R_t 表示投资回报，其计算公式为：

$$R_t = \frac{P_t - P_{t-1} + D_t}{P_{t-1}} \qquad 式（10-3）$$

式（10-3）中的 P_t 表示第 t 时刻的股票价格，P_{t-1} 表示第 t–1 时刻的股票价格，D_t 表示第 t 期的每股股利。

式（10-1）中，意外盈余是通过式（10-2）盈余的一阶差分回归方法计算得到的。式（10-2）可以看做通过一阶差分的自回归方法对第 t 期的盈余预测值，这里隐含着这样的假定，即投资者可通过一阶差分回归方法预测第 t 期的盈余，UX_t 表示式（10-2）回归后的随机误差，即投资者预测不出的盈余，因此又称为意外盈余。

由式（10-1）可以看出意外盈余对投资回报的影响。意外盈余除以第 t–1 时刻的股票价格 P_{t-1} 的目的在于使单位投资回报与投资回报率之间具有可比性，此时 α_0 就表示每 1 元意外盈余所引起的单位投资回报率。

10.2.2 基于 Ohlson 模型的企业估值与盈余可持续性

根据式（10-3）对股票投资回报的定义，股票投资回报可进一步分解为预期投资回报 R_t^e 和未预期投资回报 R_t^u 两部分，具体如下：

$$R_t = \frac{P_t - P_{t-1} + D_t}{P_{t-1}} = \frac{E_{t-1}(P_t) - P_{t-1} + E_{t-1}(D_t)}{P_{t-1}}$$

$$+ \frac{P_t - E_{t-1}(P_t) + D_t - E_{t-1}(D_t)}{P_{t-1}} = R_t^e + R_t^u \qquad 式（10-4）$$

由第 4 章的 Ohlson 模型（4-8）可得：

10 Ohlson模型、固定股利支付比率与盈余可持续性

$$E_{t-1}(P_t) = E_{t-1}(Y_t) + \sum_{\tau=1}^{\infty} \beta^{\tau} E_{t-1}(X_{t+\tau}^a)$$

$$= E_{t-1}(Y_t) + \sum_{\tau=1}^{\infty} \beta^{\tau} [E_{t-1}(X_{t+\tau}) - kE_{t-1}(Y_{t+\tau-1})] \quad \text{式 (10-5)}$$

将第 4 章式（4-8）、式（10-5）代入式（10-4），可得：

$$R_t^u = \frac{P_t - E_{t-1}(P_t) + D_t - E_{t-1}(D_t)}{P_{t-1}}$$

$$= \frac{1}{P_{t-1}} \{ Y_t + \sum_{\tau=1}^{\infty} \beta^{\tau} [E_t(X_{t+\tau}) - kE_t(Y_{t+\tau-1})] - E_{t-1}(Y_t)$$

$$- \sum_{\tau=1}^{\infty} \beta^{\tau} [E_{t-1}(X_{t+\tau}) - kE_{t-1}(Y_{t+\tau-1})] + D_t - E_{t-1}(D_t) \}$$

$$= \frac{1}{P_{t-1}} \{ Y_t - E_{t-1}(Y_t) + D_t - E_{t-1}(D_t) + \sum_{\tau=1}^{\infty} \beta^{\tau} [E_t(X_{t+\tau}) - E_{t-1}(X_{t+\tau})]$$

$$- k \sum_{\tau=1}^{\infty} \beta^{\tau} [E_t(Y_{t+\tau-1}) - E_{t-1}(Y_{t+\tau-1})] \} \quad \text{式 (10-6)}$$

由第 4 章的式（4-4）可得：$D_t = Y_{t-1} - Y_t + X_t$，所以，$E_{t-1}(D_t) = E_{t-1}(Y_{t-1}) - E_{t-1}(Y_t) + E_{t-1}(X_t) = Y_{t-1} - E_{t-1}(Y_t) + E_{t-1}(X_t)$，由此可得：

$$D_t - E_{t-1}(D_t) = Y_{t-1} - Y_t + X_t - Y_{t-1} + E_{t-1}(Y_t) - E_{t-1}(X_t)$$

$$= X_t - E_{t-1}(X_t) - [Y_t - E_{t-1}(Y_t)] \quad \text{式 (10-7)}$$

将式（10-7）代入式（10-6），可得：

$$R_t^u = \frac{1}{P_{t-1}} \{ X_t - E_{t-1}(X_t) + \sum_{\tau=1}^{\infty} \beta^{\tau} [E_t(X_{t+\tau}) - E_{t-1}(Y_{t+\tau})]$$

$$- k \sum_{\tau=1}^{\infty} \beta^{\tau} [E_t(Y_{t+\tau-1}) - E_{t-1}(Y_{t+\tau-1})] \}$$

$$= \frac{1}{P_{t-1}} \{ \sum_{\tau=0}^{\infty} \beta^{\tau} [E_t(X_{t+\tau}) - E_{t-1}(X_{t+\tau})]$$

$$- k \sum_{\tau=1}^{\infty} \beta^{\tau} [E_t(Y_{t+\tau-1}) - E_{t-1}(Y_{t+\tau-1})] \} \quad \text{式 (10-8)}$$

借鉴赵志君的研究，假定企业的净资产每年以 g 的增长率递增（或降低），即 $\frac{Y_t}{Y_{t-1}} = 1 + g$，则 $Y_t = (1+g)Y_{t-1}$，再假定企业将每年的净利润以 λ 的比率支付给股东，则 $D_t = \lambda X_t$，将 Y_t、D_t 代入式（4-4），可得：

$$(1+g)Y_{t-1} = Y_{t-1} + X_t - \lambda X_t \qquad 式（10-9）$$

由式（10-9）可得：

$$Y_{t-1} = \frac{1-\lambda}{g} X_t,$$

同理，$Y_{t+\tau-1} = \frac{1-\lambda}{g} X_{t+\tau}$，将 $Y_{t+\tau-1}$ 代入式（10-8），可得：

$$R_t^u = \frac{1}{P_{t-1}} \left\{ \sum_{\tau=0}^{\infty} \beta^\tau [E_t(X_{t+\tau}) - E_{t-1}(X_{t+\tau})] - k \sum_{\tau=1}^{\infty} \beta^\tau [E_t(\frac{1-\lambda}{g} X_{t+\tau}) - E_{t-1}(\frac{1-\lambda}{g} X_{t+\tau})] \right\}$$

$$= \frac{1}{P_{t-1}} \left\{ \sum_{\tau=0}^{\infty} \beta^\tau [E_t(X_{t+\tau}) - E_{t-1}(X_{t+\tau})] - k \frac{(1-\lambda)}{g} \sum_{\tau=1}^{\infty} \beta^\tau [E_t(X_{t+\tau}) - E_{t-1}(X_{t+\tau})] \right\}$$

$$= \frac{1}{P_{t-1}} \left\{ [1 - \frac{k(1-\lambda)}{g}] \sum_{\tau=0}^{\infty} \beta^\tau [E_t(X_{t+\tau}) - E_{t-1}(X_{t+\tau})] + \frac{k(1-\lambda)}{g} [E_t(X_t) - E_{t-1}(X_t)] \right\} \qquad 式（10-10）$$

假定 $E_t(X_t) - E_{t-1}(X_t) = 0$，即该项忽略不计，则未预期投资回报 R_t^u 式（10-10）可表示如下：

$$R_t^u = \frac{1}{P_{t-1}} \left\{ [1 - \frac{k(1-\lambda)}{g}] \sum_{\tau=0}^{\infty} \beta^\tau [E_t(X_{t+\tau}) - E_{t-1}(X_{t+\tau})] \right\} + \varepsilon$$

$$式（10-11）$$

根据 Kormendi 和 Lipe 盈余可持续模型的研究，由于式（10-2）假定盈余时间序列之间存在一阶差分关系，且假定一阶差分自回归系数已知，因此，第 t 期盈余 X_t 与第 t 期意外盈余之间存在着以下无限阶的移动平均关系：

$$X_t = \theta(L)UX_t \qquad 式(10\text{-}12)$$

式(10-12)中,$\theta(L) = 1 + \theta_1 L^2 + \theta_2 L^2 + \cdots$,L表示滞后算符。此时,预期盈余的变动可表示为:

$$E_t(X_{t+\tau}) - E_{t-1}(X_{t+\tau}) = E_t(\theta(L)UX_{t+\tau}) - E_{t-1}(\theta(L)UX_{t+\tau})$$

$$= \sum_{j=0}^{\infty} \theta_j [E_t(UX_{t+\tau-j})] - E_{t-1}(UX_{t+\tau-j})$$

$$= \theta_\tau UX_t \quad (\tau = 0, 1, 2, 3, \cdots, \infty)$$

$$式(10\text{-}13)$$

将式(10-13)代入式(10-11),可得:

$$R_t^u = \frac{1}{P_{t-1}}\left\{\left[1 - \frac{k(1-\lambda)}{g}\right]\left[\sum_{\tau=0}^{\infty} \beta^\tau \theta_\tau UX_t\right]\right\} + \varepsilon$$

$$= \left\{\left[1 - \frac{k(1-\lambda)}{g}\right]\left[1 + \sum_{\tau=1}^{\infty} \beta^\tau \theta_\tau\right]\right\}\frac{UX_t}{P_{t-1}} + \varepsilon \qquad 式(10\text{-}14)$$

式(10-14)中的括号"{ }"中的式子称为意外盈余乘数因子,若该乘数因子为1,表示每1元的意外盈余产生1元的投资回报,Kormendi和Lipe称该乘数因子为衡量盈余可持续性的指标。根据Flavin(1981)的研究,式(10-14)中的$\sum_{\tau=1}^{\infty} \beta^\tau \theta_\tau$可表示为盈余变动自回归系数的形式:

$$PVR = \sum_{\tau=1}^{\infty} \beta^\tau \theta_\tau = \frac{1}{(1-\beta)(1-\sum_{i=1}^{N} \beta^i b_i)} - 1 \qquad 式(10\text{-}15)$$

因此,Kormendi和Lipe的将盈余可持续性盈余可持续性指标表示为:

$$PER = 1 + \sum_{\tau=1}^{\infty} \beta^\tau \theta_\tau = \frac{1}{(1-\beta)(1-\sum_{i=1}^{N} \beta^i b_i)} \qquad 式(10\text{-}16)$$

将式（10-16）代入式（10-14）可得基于 Ohlson 模型的盈余可持续性指标：

$$OPER = \left[1 - \frac{k(1-\lambda)}{g}\right]\left[(1-\beta)\left(1-\sum_{i=1}^{N}\beta^i b_i\right)\right]^{-1} \quad 式（10-17）$$

上式（10-17）中，OPER 值就是本书所得出的基于 Ohlson 模型的盈余可持续性指标。该指标表示为股利支付率、净资产增长率、贴现因子和盈余变动时间序列自回归系数 b_i 的函数。由式（10-17）可以看出，当股利支付率 $\lambda=1$ 时，即企业将所有盈利全部支付给股东，此时 $X_t = D_t$，$\frac{k(1-\lambda)}{g} = 0$，因此 $OPER = \left[(1-\beta)\left(1-\sum_{i=1}^{N}\beta^i b_i\right)\right]^{-1} = PER$，此时本书基于 Ohlson 模型的盈余可持续性指标与 Kormendi 和 Lipe 的盈余可持续性指标相同，可见 Kormendi 和 Lipe 的盈余可持续性是本书盈余可持续性指标的一种特殊形式。由式（10-17）还可以看出，当其他条件不变时，股利支付率越高，盈余可持续性越低，企业净资产增长率越高，盈余可持续性越大。此外，$g \neq 0$，当 $g \to 0$ 时，$\frac{k(1-\lambda)}{g} \to \pm\infty$，因此，本书在对该指标进行实证检验时，将其极大值、极小值删去。

10.3 算例分析与实证检验

10.3.1 样本来源与样本选取

为比较本书盈余可持续性指标与 Kormendi 和 Lipe 的盈余可持续性

指标的有用性，本章用我国资本市场的数据对该两项指标进行实证检验，所有财务数据和股票价格数据来自深圳国泰安信信息技术有限公司开发的 CSMAR 数据库系统。由于我国从 1990 年开始有上市公司数据且到 2008 年仅有 19 年历史，因此，与成熟资本市场相比，时间序列较短。为获取尽可能长的时间序列数据，本书选取 1990~1992 这三年已经上市并在 1990~2008 这 19 年间具有财务数据和完整股票交易价格的上市公司为研究样本，由于个别企业缺乏净利润数据，本书根据利润总额和所得税数据进行推算。最终，共有 48 家样本企业符合要求。本书尽最大可能选取尽可能多的样本，但受样本量较少的限制，故未能考虑行业因素对盈余可持续性的影响。由于股利支付率 $\lambda \geqslant 0$，因此，当 $\lambda < 0$ 时，将该值设为 0。参照 Kormendi 和 Lipe 的研究，本书将贴现率设为 10%。删除具有异常值的 OPER 两家企业，剩余 46 家样本企业，然后，按 10% 的比率对意外盈余反应系数、PER、OPER 值的极大极小值进行删除，共得剩余 34 家样本企业，见表 10-1。

表 10-1 34 家有效样本企业的意外盈余反应系数（α_{0j}）、PER 值、OPER 值

序号	证券代码	证券简称	净资产增长率（g）	股利支付率	b_{1j}	b_{2j}	意外盈余反应系数（α_{0j}）	Per 值	Oper 值
1	000004	*ST 国农	0.03	0	−0.673	−0.023	4.165	6.75	−6.23
2	000005	世纪星源	0.11	0.05017	−0.292	−0.365	9.76	7.02	3.99
3	000006	深振业 A	0.19	0.34085	−0.349	−0.144	2.976	7.66	6.3
4	000007	ST 达声	−2.02	0	−0.748	−0.198	2.74	5.97	6.11
5	000008	ST 宝利来	0.02	0	−0.709	−0.476	−3.246	5.4	−5.4
6	000014	沙河股份	0.12	0.2883	−0.32	−0.117	1.408	7.93	5.63
7	000016	深康佳 A	0.16	0.45714	−0.321	−0.297	6.309	7.16	5.96
8	000019	深深宝 A	0.03	0.23518	−0.326	−0.297	6.309	7.13	−0.89
9	000020	深华发 A	−0.01	1.17161	−0.229	−0.305	−5.052	7.53	−5.39
10	000501	鄂武商 A	0.09	0.21241	−0.098	−0.075	1.673	9.56	5.4
11	000502	绿景地产	0.08	0.02721	−0.619	−0.595	0.044	5.35	1.93
12	000504	赛迪传媒	0.03	0	−0.525	−0.086	1.119	7.1	−5.58
13	600601	方正科技	0.36	0.06177	−0.699	−0.107	15.023	6.38	5.56

续表

序号	证券代码	证券简称	净资产增长率 (g)	股利支付率	b_{1j}	b_{2j}	意外盈余反应系数 (α_{0j})	Per值	Oper值
14	600602	广电电子	0.12	0.34356	-0.635	-0.549	1.133	5.42	3.89
15	600603	ST兴业	-2.07	0	-0.164	-0.374	-0.147	7.54	7.73
16	600604	*ST二纺机	-0.05	0	-0.677	-0.304	-3.93	5.89	11.77
17	600605	汇通能源	0.03	0.11949	0.155	-0.419	-5.329	9.13	-4
18	600606	金丰投资	0.17	0.18316	-0.262	-0.144	9.343	8.1	6.12
19	600609	金杯汽车	-0.05	0	-0.306	-0.553	5.827	6.34	12.62
20	600611	大众交通	0.19	0.34375	-0.377	-0.714	12.189	5.69	4.72
21	600612	中国铅笔	0.12	0.2869	0.225	-0.091	18.105	12.63	8.72
22	600613	永生数据	0.01	0.8953	0.149	-0.538	6.444	8.4	5.47
23	600614	鼎立股份	0.09	1.6062	0.176	-0.579	2.978	8.34	11.09
24	600615	丰华股份	0.05	0.30717	-0.371	0.118	0.895	8.87	2.72
25	600617	ST联华	-0.1	0	-0.315	-0.069	3.862	8.19	12.41
26	600619	海立股份	0.12	0.16547	-0.327	-0.677	1.204	5.92	3.83
27	600620	天宸股份	0.12	0.12031	-0.138	-0.373	12.285	7.67	4.76
28	600621	上海金陵	0.14	0.39914	-0.781	-0.326	7.32	5.56	4.39
29	600622	嘉宝集团	0.12	0.3274	0.196	-0.297	-0.138	10.31	7.51
30	600651	飞乐音响	0.4	0.14391	-0.035	-0.51	18.474	7.57	6.76
31	600653	申华控股	0.49	0.02136	-0.6	-0.647	11.233	5.29	4.76
32	600654	飞乐股份	0.23	0.04847	-0.719	-0.176	3.201	6.11	4.87
33	600656	ST方源	0.08	0.04424	-0.103	-0.928	-1.682	5.91	2.58
34	600837	海通证券	0.5	0.15132	-0.474	-1.076	0.807	4.74	4.34

10.3.2 意外盈余反应系数、PER值、OPER值的计算

由于时间序列较短,将自回归盈余变动值的滞后期限设为2。根据回归方程(10-1)~方程(10-2),将单个企业的回归方程写成如式(10-18)~式(10-19)的形式。

$$R_{jt} = k_{1j} + \alpha_{0j} \cdot \frac{UX_{jt}}{P_{jt-1}} + UR_{jt} \qquad \text{式 (10-18)}$$

$$\Delta X_{jt} = k_{2j} + b_{1j}\Delta X_{jt-1} + b_{2j}\Delta X_{jt-2} + UX_{jt} \qquad \text{式 (10-19)}$$

式（10-18）和式（10-19）中，j = 1，2，3，…，48，本书逐个对 48 家上市公司的时间序列盈余变动进行回归，可得企业 j 的滞后 2 年的盈余变动回归系数 b_{1j}，b_{2j}，其中 34 家有效样本企业的回归值见表 10-1。接着，将回归方程（10-19）所产生的残差 UX_{jt} 除以 P_{jt-1} 并代入式（10-18），并与股票投资回报 R_{jt} 进行回归，即可得企业 j 的意外盈余反应系数，34 家有效样本企业的具体值见表 10-1。

根据式（10-19）所计算出每个企业的滞后 2 年的盈余变动回归系数 b_{1j}，b_2，将该值代入式（10-16），可得 Kormendi 和 Lipe 的盈余可持续性指标 PER 值，然后将净资产增长率、股利支付率等数据代入式（10-17），可得 34 家企业本书所提到的盈余可持续性指标 OPER 值。这里，股利支付率、净资产增长率的计算方法如下：企业 j 的股利支付率为将企业 j 上市后至 2008 年的所有年份的支付给股东的所有现金股利相加，除以上市后至 2008 年所有年份的净利润相加所得到的值，由于股利支付率 $\lambda \geq 0$，因此，当 $\lambda < 0$ 时，将该值设为 0。企业 j 的净资产增长率为 2008 年的净资产除以上市当年的净资产，然后开 1/N 次方，这里 N = 16~18 年。34 家有效样本企业的净资产增长率、股利支付率、PER 值、OPER 值见表 10-1。

10.3.3 PER 值、OPER 值有用性的实证检验

（1）描述性统计量。意外盈余反应系数、PER、OPER 值的描述性统计量如表 10-2 所示。由表 10-2 可以看出，OPER 值的平均数与意

表 10-2 描述统计量

	样本数	极小值	极大值	均值	标准差
意外盈余反应系数	34	−5.329	18.474	4.332	6.116
PER 值	34	4.74	12.63	7.193	1.661
OPER 值	34	−6.23	12.62	4.248	4.950

外盈余反应系数的均值更为接近。

（2）回归方程的建立。为比较 PER 值、OPER 值的有用性，建立如下单项与联合回归方程：

$$\alpha_{0j} = \xi_0 + \xi_1 PER_j + \varepsilon_j \qquad 式（10-20）$$

$$\alpha_{0j} = \Psi_0 + \Psi_1 OPER_j + \varepsilon_j \qquad 式（10-21）$$

$$\alpha_{0j} = \omega_0 + \omega_1 PER_j + \omega_2 OPER_j + \varepsilon_j \qquad 式（10-22）$$

式（10-20）~式（10-22）中，ξ_0，ξ_1，Ψ_0，Ψ_1，ω_0，ω_1，ω_2 为回归系数，ε_j 为回归残差，α_{0j} 为企业 j 的意外盈余反应系数，PER_j 为企业 j 的 PER 值，$OPERj$ 为企业 j 的 OPER 值，单项与联合回归结果见表 10-3、表 10-4。

表 10-3　PER 值、OPER 值与意外盈余反应系数的单项回归结果

回归方程	$\alpha_{0j} = \xi_0 + \xi_1 PER_j + \varepsilon_j$			$\alpha_{0j} = \Psi_0 + \Psi_1 OPER_j + \varepsilon_j$		
回归系数	ξ_0	ξ_1	Adj R^2	Ψ_0	Ψ_1	Adj R^2
回归结果	−0.239 (0.050)	0.635 (0.991)	−0.001	2.630 (1.968)*	0.401 (1.940)*	0.077

注：括号内为 t 值，*表示 0.1 水平显著（双侧）。

表 10-4　PER 值、OPER 值与意外反应系数的联合回归结果

回归方程	$\alpha_{0j} = \omega_0 + \omega_1 PER_j + \omega_2 OPER_j + \varepsilon_j$				
回归系数	ω_0	ω_1	ω_2	Adj R^2	VIF
回归结果	−0.450 (−0.098)	0.443 (0.703)	0.375 (1.775)*	0.062	1.030

注：括号内为 t 值，*表示 0.1 水平显著（双侧）。

由表 10-3、表 10-4 可以看出，无论是单项还是联合回归，OPER 值与意外盈余反应系数的回归结果均显著为正，而 PER 值与意外盈余反应系数虽然也为正，但不显著，这与 Kormendi 和 Lipe 对成熟资本市场的研究结论有较大差异。其原因可能为以下几方面：一是我国财务数据的时间序列较短；二是我国资本市场效率不高，对财务信息做出了错误、不足或者过度的反应；三是 Kormendi 和 Lipe 模型的 PER 值的假设与现实相差较大。从单项回归结果来看，OPER 值与意外盈余

反应系数回归后所得的调整后的 R^2 大于 PER 值的。因此，可以断言，OPER 值对意外盈余反应系数的解释力好于 PER 值，这说明考虑股利支付率、净资产增长率的盈余可持续指标模型能更好地解释我国资本市场的意外盈余反应系数，从一个角度证明了本书所推出模型的有用性。

10.4 本章小结

本章运用 Ohlson 模型的股票内在价值与会计信息之间准确的数学逻辑关系，假定企业仅把企业盈余按一定的比率支付给股东，在借鉴 Kormendi 和 Lipe 盈余可持续模型的基础上，推导出了具有严密逻辑关系的新的盈余可持续性指标。接着，本书运用我国的上市公司的股票价格与会计信息的数据，计算出了 34 家上市公司的意外盈余反应系数，并对本书的盈余可持续性指标和 Kormendi 和 Lipe 的盈余可持续性指标与意外反应系数的关系进行了实证检验，结果发现，本书的盈余可持续性指标对我国上市公司的盈余反应系数具有较强的解释力，从而初步证明了本书的更符合现实假设之下的盈余可持续性模型的有用性。

11 Ohlson 模型、盈余可持续性与影响因素

上一章运用 Ohlson 模型研究了假设上市公司以固定比率支付给投资者股利的情况下企业盈余的可持续性指标，本章将运用 Ohlson 模型研究影响我国上市公司盈余可持续性的因素。本章在运用 Ohlson 模型计算了不同企业不同年份终端隐含价值的基础上，对影响终端隐含价值的因素进行了分析，发现企业预测期盈利能力、行业市场占有率、负债/资产比率、固定成本结构对终端隐含价值有显著正的影响，证明了代理理论适合我国国情，企业负债有利于企业盈利的长期可持续性；而企业规模、投资规模对终端隐含价值有显著负的影响，说明我国上市公司资金的使用效率有待提高。

11.1 企业盈余与股票内在价值的关系及盈余可持续性指标的构建

企业的盈余就是企业的税后利润。企业盈余的可持续性是指企业当期盈余或当期盈余较上期盈余的增加在未来能够维持或重现的可能

性。为了了解企业盈余可持续性与股票内在价值的关系，首先必须把握企业当期盈余与股票内在价值的关系。企业当期盈余与股票内在价值的关系可由以下4种联系予以说明。

联系1：假定通过当期盈余的大小或变化可预测未来盈余。由于企业通过权责发生制的会计系统来计量企业的价值创造活动，因此当期盈余数字提供了重要的关于当期价值创造活动的信息。另外，当期盈余数字以及相关的其他报表数字还提供了有用的关于预测未来盈余的有用信息。例如，企业的利润表将企业利润分为营业利润和非营业利润两部分，营业利润是代表着企业可持续性的经营活动所带来的利润，这些利润在未来还会重复出现，故其可持续性较强，而非营业利润是企业通过不经常发生的非营业活动所取得的，这些利润往往是一次性的，在未来不会重复出现，因此其可持续性较差。所以，通过企业利润不同组成的划分可提高其预测能力。

联系2：假定代表企业价值创造的现有和未来盈余最终会以股利的形式支付给股东。因此，现有和未来盈余的大小代表着未来企业股利支付能力的大小，所以现有盈余的大小就代表着未来企业支付股利能力的高低。

联系3：表示古典的股权估价模型，即股票内在价值等于未来股东收到的股利现值之和。

联系4：说明了当期盈余与股票内在价值的关系，即当期盈余的大小决定了未来盈余的大小，这又决定了未来股利的大小，从而最终决定了股票内在价值的高低。

盈余的可持续性越大，股票内在价值就越高。根据联系1，当期盈余的可持续性越强，则企业未来盈余就越稳定，企业未来支付的股利就越稳定，因此股票的内在价值就越高。例如，如果某企业1元的盈余能够以百分之百的可能性永久地持续下去，假定贴现率为

0.05，则该可持续的盈余为股东创造的价值为 1/0.05 = 20 元，相反，如果企业 1 元的盈余只是暂时的一次性的盈余，则该 1 元的盈余为股东创造的价值仅为 1 元。此外，意外盈余的可持续性同样会影响股票内在价值以及投资回报。如果企业的意外盈余在未来不可持续，则该股票内在价值的变化仅限于意外盈余的大小。相反，如果企业的意外盈余在未来可持续，则其股票内在价值变化的大小则要远大于意外盈余的大小。

  但是，目前国外学者对盈余可持续性指标的研究尚未取得一致的结论。特别是基于资本市场有效假设的盈余可持续指标，如盈余反应系数、市盈率，这些盈余可持续性指标建立在股票价格等于其内在价值的基础上，然而越来越多的实证研究证明我国资本市场是一个不十分成熟的市场，股票价格不仅不能反映其内在价值，而且甚至严重偏离其内在价值，因此，基于资本市场有效的盈余可持续性指标是否符合我国国情尚需进一步检验。此外，一些基于财务信息的盈余可持续性指标，虽然这些指标没有建立在市场有效的假设之上，但这些指标存在一些先天的缺陷，如盈余回归系数仅能对总体盈余可持续性进行计算而不能计算单个企业的盈余可持续性，Pr 值指标虽然能够计算出单个企业的盈余可持续性，但仅能对下一年的盈余进行预测，基本财务信息得分的缺陷与 Pr 值类似。由于以上盈余可持续性指标的种种缺陷，本书运用 Ohlson 模型构建出新的评价企业盈余可持续性的指标——基于 Ohlson 模型终端隐含价值的盈余可持续性指标。

  Ohlson 模型由股利贴现模型转化而来，该模型将股票内在价值表述为会计账面净值与未来超额收益现值之和，使股票内在价值与会计信息之间的联系建立在严格的逻辑证明而不是凭空想象的基础之上，从而使股票内在价值与会计信息之间建立起了精确的数学联系。基于 Ohlson 模型的终端隐含价值是指预测期后第 T+1 年到第 ∞ 年超额收益现值之和，该隐含价值越大，表示盈余的可持续性越强。但是，由于人们无法对未来无穷期的超额收益进行预测，因此终端隐含价值可通过股票的每股内在价值减去每股账面净值和预测期超额收益现值的办法间接得到。通过对股票内在价值和Ohlson模型终端隐含价值比率的计算，可得出不同企业的盈余可持性指标。该指标具有以下优点：①研究假设大大简化。Ohlson模型只有两个假设，即股利贴现模型假设和清洁盈余关系假设。②可对单个企业的盈余可持续性指标进行计算。③可对每一家企业的内在价值运用股利贴现模型的转化形式进行计算，弥补了有效市场假设的不足。

由于我国证券市场只有20余年的发展历史，且早期上市公司的数目较少，因此依靠时间序列特征对我国上市公司盈利可持续性进行分析尚缺乏足够的时间证据。由于国外成熟资本市场已有数百年的发展历史，因此大多研究都用股票价格来来代表股票的内在投资价值，而我国资本市场只有20余年的发展历史，考虑到我国资本市场的渐进有效性，本书首先运用股利贴现模型的转化形式，对我国1994~2001年每年4月30日的每只股票内在价值进行计算，然后运用Ohlson模型对1993~2000年的与其内在价值对应的终端隐含价值进行了计算，最后以终端隐含价值作为企业盈利可持续性的标志，对其影响因素进行了分析。

11.2 影响企业盈利可持续性因素的理论分析

11.2.1 企业预测期的盈利能力

Beaver对企业净资产报酬率（roe）的时间序列问题进行了研究，

发现高净资产报酬率和低净资产报酬率向平均净资产报酬率转变需要 8 年的时间。Mueller 认为，企业在一个时期获取的利润为未来继续盈利提供了有效的保障，因此企业的盈利能力不会是昙花一现的暂时行为。Jacobsen 的研究显示，企业的超额投资报酬率向平均投资报酬率的转变是一个缓慢的过程，有些企业能够长期维持较高的投资报酬率。Bernard 的研究显示，当期的 roe 对未来 3~5 年的 roe 具有预测力，而对于最高一组 roe 的 7 家企业，即使在 11~15 年后其 roe 也很少发生变化。Lin 对美国 1960~1996 年股市的研究显示，企业预测期的超额收益与预测期后的终端隐含价值呈正相关关系。

11.2.2　行业壁垒

Jacobsen 实证研究表明，行业市场占有率大的企业具有规模优势、讨价还价能力和竞争力，因此更容易取得稳定、持久的利润。本书首先按照我国证监会 2001 年 4 月发布的《上市公司行业分类指引》规定的行业标准对上市公司每年的每个行业销售收入总额进行了计算，然后分别计算不同企业每年占其所在行业市场份额的比例。行业市场份额将与终端隐含价值比例呈正相关关系。

11.2.3　企业规模

由于大企业具有规模优势，因此大企业更容易通过多样化经营而降低风险且取得稳定的利润。Lev 的研究表明，大企业增长率的波动性较小企业小，因此大企业的盈利更加稳定。所以，企业规模也是衡量企业盈利可持续性的变量之一，本书的企业规模用企业总资产的以 10 为底的对数表示。

11.2.4 资本结构

关于资本结构对企业盈利可持续性的影响有两种不同的理论。流动性理论认为,企业过多的负债会迫使企业管理当局放弃有利可图的投资项目,因此企业资本结构与企业长期利润可持续性呈负相关关系。而代理理论则认为,由于企业的负债对管理者具有约束作用,在债权人的约束下,企业经营者的投资行为会更加谨慎。由于负债的杠杆作用,当企业的投资产生的回报高于企业负债所支付的成本时,企业可通过负债获取更高的利润,因此资本结构与企业长期盈利能力呈正相关关系。本书的资本结构用总负债/总资产表示。

11.2.5 固定资产投资规模

固定资产投资对预测企业未来的收益和投资回报具有重要作用。净现值为正的投资项目能够促使企业未来收益的增加,但投资的增加同时又会导致企业折旧费用增加从而引起企业近期收益的下降。若投资项目产生净现值为负的现金流量,则不仅会导致近期收益的下降,而且会导致未来收益的下降。本书用年固定资产投资除以年末总资产表示固定资产投资规模。

11.2.6 资金密集程度(固定成本结构)

关于企业固定成本结构对企业盈利可持续性的影响有两种观点。一种观点认为,由于经营杠杆度的作用,企业成本结构中固定成本所占的比例越高,其经营杠杆度就越大,因此当外界环境发生变化时,该企业承担的经营风险就越大，因此企业的资金密集度越高，企业的盈利状况就越不稳定。另一种观点则认为，企业的资金密集程度是其他企业进入该经营领地的重要门槛，因此可有效地阻止竞争者的进入，所以企业盈利的可持续性与资本密集度应呈正相关关系。本书用年折旧费用/年销售收入代表资金密集度。

11.3 研究方法

11.3.1 数据来源

选取1993~2004年沪深两市所有A股非金融类上市公司为研究对象，所有财务数据和股票价格数据来自深圳国泰安信信息技术有限公司开发的CSMAR数据库系统，本书选取所有有股票成交价格和每股收益、每股净值等相关财务数据的企业为研究对象。由于我国年报披露的截止日期为每年的4月30日，在该日所有上市公司的年报披露均报告完毕，因此本书选取每年该日的收盘价为计算依据，当该日为节假日而休市时，选取后一个交易日的股票收盘价格为计算依据。由于需要对每个企业的内在价值进行计算且需要分析6种影响因素，而很多影响因素缺乏数据，因此需要删除因素不全的观测数据。本章采用foxpro程序软件编程运算和SPSS软件统计分析计算相结合的方法。

11.3.2 股票内在价值的计算

根据股利贴现模型,股票的价值等于股票持有人所收到的未来股利的贴现值,其具体表达式如下:

$$V_t = \sum_{k=1}^{\infty} E_t [d_{t+k}] \bigg/ \prod_{j=1}^{k} (1 + r_{t+j}) \qquad 式(11-1)$$

式(11-1)中,V_t 表示第 t 时刻股票的价格,$E_t[d_{t+k}]$ 表示人们在第 t 时刻预期第 t+k 期间将要收到的股利,r_{t+j} 表示 t+j 期间的贴现率。

假定第 t+1 到 t+T 期收到的股利已知,则式(11-1)又可表示为下式:

$$V_t = \sum_{k=1}^{T} [d_{t+k}] \bigg/ \prod_{j=1}^{k} (1 + r_{t+j}) + \sum_{k=T+1}^{\infty} E_t [d_{t+k}] \bigg/ \prod_{j=1}^{k} (1 + r_{t+j}) \qquad 式(11-2)$$

当计算过去股票的内在价值时,第 t+1 到 t+T 期收到的股利已知,但要预测第 T 期以后到第 ∞ 年的股利几乎是不可能的。假定第 i 只股票在第 t+T 时刻的股票价格为 P_{t+T},若此股票此时的价格代表此时股票的内在价值,则第 T 期后到第 ∞ 期收到的股利可用 t+T 时刻的股票价格来代替,将该时刻的股票价格折算成第 t 时刻的内在价值,可得:

$$\sum_{k=T+1}^{\infty} E_t [d_{t+k}] \bigg/ \prod_{j=1}^{k} (1 + r_{t+j}) = P_{t+T} \bigg/ \prod_{j=1}^{T} (1 + r_{t+j}) \qquad 式(11-3)$$

将式(11-3)代入式(11-2)可得改进后的股利贴现模型:

$$V_t = \sum_{k=1}^{T} [d_{t+k}] \bigg/ \prod_{j=1}^{k} (1 + r_{t+j}) + P_{t+T} \bigg/ \prod_{j=1}^{T} (1 + r_{t+j}) \qquad 式(11-4)$$

式(11-4)中,P_{t+T} 表示企业 i 在 2004 年 12 月 31 日的股票收盘价格,V_t 表示企业 i 在第 t 时刻的内在价值,t 的取值范围是 1993~2001 年每年的 4 月 30 日,T 表示 1993~2004 年之间的时间差,T=1~11,即当计算 1993 年 4 月 30 日股票的内在价值时,共有 11 年的股利需要折现，而当计算 2001 年企业的内在价值时，只有 3 年的股利需要折成现值，d_{t+k} 表示企业在第 t+k 期间实际支付给股东的股利，r_{t+j} 表示 1994~2004 年每年的贴现率。

据张兵等的研究，我国股票市场是渐进有效的，据刘熠松的研究，2004 年 12 月 31 日我国股票价格已接近其内在价值。因此，本书假定我国证券市场一年比一年有效，从可获得的最近的 2004 年 12 月 31 日的股票成交价格为标准来代表企业 i 在第 t+T+1 时刻的内在价值，运用式 (11-4) 可计算出每一个上市公司在不同时刻的内在价值。本书假定投资者对风险的偏好是中性的，亦即投资者投资时，无论风险有多大，他们都选择相同回报率进行投资。考虑到研究期间我国投资者以散户为主，因此本书用每年的定期一年的储蓄存款税后利率代表贴现率。由于需要对每年每一个企业的内在价值进行计算，且需要考虑除权等因素，计算量十分庞大，本书的计算采用编程方法进行，这不仅提高了运算速度，而且使计算的准确性大大提高。

11.3.3　Ohlson 模型终端隐含价值的计算

Ohlson 模型的表达式如下：

$$V_t^o = B_t + \sum_{\tau=1}^{\infty} \frac{E[X_{t+\tau} - rB_{t+\tau-1}]}{(1+r)^\tau} \qquad 式（11-5）$$

式 (11-5) 中，B_t 表示企业 i 在第 t 时刻的账面值，B_{t-1} 表示企业 i 在第 t-1 时刻的账面值，X_t 表示企业在期间 (t-1, t) 的净利润，r 表示资金成本。

由该模型可以看出，企业价值最终由该企业当期净资产、未来各期预期净资产和贴现资金成本率（或贴现率）决定，因此，为了计算股票的内在价值，我们只需要对未来有限期的每股收益和净资产进行预测。

假定我们对未来 T 年的超额收益已经知道，则式 (11-5) 可表示如下：

$$V_t^o = B_t + \sum_{\tau=1}^{T} \frac{X_{t+\tau} - rB_{t+\tau-1}}{(1+r)^\tau} + \sum_{\tau=T+1}^{\infty} \frac{E[X_{t+\tau} - rB_{t+\tau-1}]}{(1+r)^\tau}$$

$$= B_t + SUMABN_T + TV_T \qquad 式（11-6）$$

式 (11-6) 中，右边的第 2 项表示预测限期 T 的超额收益的现值总和，用 $SUMABN_T$ 表示，第 3 项表示第 T+1 期到第 ∞ 期的超额收益的折现值总和（或称终端隐含价值），用 TVT 表示。本书用历史上实际已生成的财务数据来替代未来 t+1 到第 t+T 期的预测值，T=4-9，t 表示 1993~2000 年，当 t 为 1993 年时，须运用 1994~2003 年的财务数据，此时预测期限 T 的最大值为 9，当 t 为 2000 年时，须运用 2001~2004 年的财务数据，此时预测期限的最大值为 4，贴现率采用第 t 年定期一年的银行储蓄存款利率，假定投资者对风险的偏好是中性的。

考虑到我国资本市场的渐进有效性，本书首先运用式 (11-4) 计算出的股票内在价值，然后进行终端隐含价值的计算。若股票的内在价值用式 (11-4) 中的 V_t 来代表，则企业第 t 时刻的终端隐含价值为：

$$TV_T = V_t - B_t - SUMABN_T \qquad 式（11-7）$$

该终端隐含价值占内在价值的比率为：

$$TVMV_T = \frac{TV_t}{V_t} \qquad 式（11-8）$$

式 (11-8) 中，$TVMV_T$ 表示第 T 期后股票终端隐含价值占第 t 时刻投资者对股票价值估计的比率，该比率越大表示终端隐含价值越高，而终端隐含价值比率越大表示企业未来获取超额收益的能力越强，或者说企业超额收益的可持续性越强。

11.3.4 模型设定

根据以上对影响企业盈利可持续性因素的分析，建立以下回归模型（本书采用所有年度在一起的混合回归方法，当 T 不同时，样本的数量也不同）：

$$TV_T = \varphi_0 + \varphi_1 SUMABN_T + e_1 \qquad \text{式（11-9）}$$

$$TVMV_T = \beta_0 + \beta_1 MARKET_t + \beta_2 SIZE_t + \beta_3 INVEST_t + \beta_4 CS_t + \beta_5 COST_t + e_2 \qquad \text{式（11-10）}$$

式（11-9）和式（11-10）中各种变量的说明和预期符号见表 11-1。

表 11-1 变量说明和预期符号

变量代码	含义	计算方法	预期符号
TV_T	第 t 年以股票内在价值为准的终端隐含价值	$V_t - B_t - SUMABN_T$	
$TVMV_T$	第 t 年以股票内在价值为准的终端隐含价值占股票内在价值的比例	$\dfrac{TV_T}{V_t}$	
$SUMABN_T$	第 t 年已实现共 T 期的超额收益折现值	$\sum_{\tau=1}^{T} \dfrac{E[X_{t+\tau} - rB_{t+\tau-1}]}{(1+r)^\tau}$	+
$MARKET_t$	第 t 年市场份额	本企业年销售额/本企业所在行业销售额	+
$SIZE_t$	第 t 年企业规模	LOC_{10}（企业资产总额）	+
CS_t	第 t 年资本结构	总负债/总资产	+或-
$INVEST_t$	第 t 年固定资产投资规模	年固定资产投资额/总资产	+或-
$COST_t$	第 t 年成本结构	年折旧额/年销售额，折旧费用为负时设为 0	+或-

11.4 实证结果及分析

利用截面数据及板块数据对式（11-9）~式（11-10）进行回归分

析,其统计结果见表 11-2 和表 11-3。

表 11-2 企业终端隐含价值与预测期超额收益回归结果 (1993~2000 年)

解释变量 \ 被解释变量	以股票内在价值为准的终端隐含价值 (TV_T)					
	T=4	T=5	T=6	T=7	T=8	T=9
常数项	4.892 (52.814)***	5.213 (47.195)***	5.781 (44.616)***	6.760 (42.640)***	7.622 (35.895)***	9.042 (31.293)***
$SUMABN_T$	1.108 (16.148)***	1.250 (17.487)***	1.209 (16.610)***	1.393 (16.296)***	1.310 (12.308)***	1.769 (11.919)***
Adj R^2	0.056	0.085	0.099	0.131	0.120	0.179
观测次数	4390	3298	2496	1749	1100	648

注:括号内表示 t 值,T 表示预测期限,*** 表示 0.001 水平显著,** 表示 0.01 水平显著,* 表示 0.1 水平显著。

表 11-3 企业终端隐含价值与影响因素回归结果 (1993~2000 年)

变量	以股票内在价值为准的终端隐含价值比率 ($TVMV_T$)					
	T=4	T=5	T=6	T=7	T=8	T=9
$MARKET_t$	0.0684 (2.651)**	0.0775 (2.886)**	0.0942 (3.240)***	0.0887 (2.564)**	0.117 (2.248)*	0.05304 (0.297)
$SIZE_t$	−0.282 (−20.594)***	−0.293 (−19.405)***	−0.288 (−16.597)***	−0.264 (−12.017)***	−0.255 (−7.188)***	−0.204 (−5.308)***
CS_t	0.618 (21.851)***	0.528 (15.897)***	0.478 (11.993)***	0.397 (7.710)***	0.376 (4.380)***	0.378 (3.947)***
$INVEST_t$	−0.145 (−2.470)*	−0.0797 (−1.345)	−0.0377 (−0.614)	−0.205 (−2.887)**	−0.176 (−1.465)	−0.0946 (−0.648)
$COST_t$	0.0670 (2.570)**	0.110 (1.872)*	0.0917 (1.337)	0.223 (2.619)**	0.263 (1.408)	0.405 (1.648)
Adj R^2	0.174	0.154	0.135	0.104	0.063	0.078
观测次数	3718	2786	2072	1429	783	333

注:括号内表示 t 值,T 表示预测期限,*** 表示 0.001 水平显著,** 表示 0.01 水平显著,* 表示 0.1 水平显著。本书回归结果的所有 VIF 均小于 2,因此不存在多重共线性。

由表 11-2 和表 11-3 可以看出:

(1) 当预测期限 T=4~9 时,预测超额收益与以股票内在价值为准计算的终端隐含价值显著正相关,这与 Lin 对美国的研究结论一致,说明我国上市企业预测期的盈利能力对未来的盈利能力具有显著正的影响。

(2) 与预期的正好相反，我国上市公司的规模均对企业长期盈利能力产生显著负的影响，由表 11-3 可以看出，其 t 值均显著。这说明我国企业的规模越小，其盈利能力的可持续性越强。这与 Lev 的理论假设正好相反。

(3) 我国上市公司的资本结构对企业长期盈利能力产生显著正的影响。由表 11-3 可以看出，无论预测期限 T 为何值，其 t 值均显著。这就证明我国上市公司的负债程度越高，其未来盈利可持续性越强，从而证明了代理理论更适合我国国情。由于我国大多上市公司国有股、法人股占控股地位且不能上市流通，再加上资本市场不够完善和成熟，因此单靠股东以脚投票的方式来约束经营者的行为显得力不从心，而依靠债权人对经营者的行为进行约束显得尤为必要。

(4) 投资规模对盈利可持续性有负的影响。由表 11-2 可以看出，对于 T=4~9，所有的回归系数均为负值，当 T=4 和 T=7 时其 t 值显著。负的影响表明上市公司的资金投放于净现值为负的投资项目，说明我国上市公司的资金使用效率不高。在过去相当长的时间里，由于我国股市价格偏高，企业股权融资成本偏低，因此企业存在股权融资偏好，而对于资金的使用效果并没有给予足够的关注。

(5) 除 T=9 外，行业市场份额对盈利可持续性有显著正的影响，虽然 T=9 时其 t 值不显著，但其回归系数仍为正值，这与 Jacosen 等对成熟资本市场的研究结果一致。这说明企业的行业垄断能力越大，其未来的盈利可持续性越强。

(6) 固定成本结构对企业盈利的可持续性有正的影响，当 T=4、T=5、T=7 时，其 t 值均显著。这说明我国上市企业的资金密集程度是其他企业进入该经营领地的重要门槛，因此可有效地阻止竞争者的进入，从而可获取长期超额利润。因此，Eaton 和 Lipsey 的理论假设适合我国国情。

11.5 本章小结

本章以基于 Ohlson 模型的终端隐含价值作为企业盈利可持续性的指标，对影响我国上市公司盈利可持续性的因素进行了实证分析，发现：①企业预测期的盈利能力对未来的盈利能力具有显著正的影响；②我国企业的规模越小，其盈利能力的可持续性越强；③我国上市公司的负债程度越高，其未来盈利可持续性越强，代理理论更适合我国国情；④投资规模对企业盈利可持续性具有显著负的影响，我国上市公司的资金使用效率有待提高；⑤企业的行业垄断能力越大，其未来的盈利可持续性越强；⑥资金密集程度越高，企业盈利的可持续性越强。

12 研究结论和政策建议

12.1 研究结论

通过 1~11 章的对我国会计信息价值相关性的国内外研究现状的文献回顾、理论分析以及实证检验,我们可得出以下研究结论:

(1)我国上市企业价值相关性经历了一个下降—上升—下降—上升的过程,自 1999 年后,每股收益与每股净值的联合价值相关性、每股收益和每股净值各自的价值相关性以及每股净值的增量价值相关性均稳步上升,我国 1999 年新的会计法的实施对价值相关性的提高有显著影响。我国非主营业务利润占主营业务利润的比例经历了一个从上升到下降的过程,1996 年达到最大(47.4%),然后逐年下降,1998 年下降最为显著,由 1997 年的 36%下降到 1998 年的 13.92%,到 2002 年则下降到 3.2%,这说明我国会计信息质量自 1998 年起有明显的改善,也说明 1998 年 1 月 27 日我国财政部颁布的《股份有限公司会计制度》对会计信息质量的改进有明显的作用。与成熟资本市场完全相反的是，我国非主营业务利润的比例对价值相关性有显著正的影响，1996年价值相关性的提高主要是非主营业务利润比例提高造成的，在我国证券市场并不十分有效的情况下，会计信息价值相关性的高低并不能完全反映我国会计信息对指导投资者进行投资决策的有用性大小。

（2）我国上市公司主营业务利润的可持续性和预测能力均高于非主营业务利润，但2002年前我国资本市场不能识别这两种不同性质的利润并进行了错误的定价，2002年起我国资本市场对这种错误的定价模式进行了纠正。笔者认为造成这种状况的原因可能是早期我国相关法律法规的不健全、不完善以及我国中小投资者投资行为不够成熟造成的。而2002~2004年我国资本市场走向成熟是我国法律法规的完善、机构投资者的壮大、投资理念的变化以及会计准则的改进等多种原因引起的。

（3）由于以往国内外学者对盈余研究多以Healy（1985）的应计项目模型对应计项目进行计算，具有很大的片面性，借鉴国外最新的研究成果，结合我国的现实状况，运用Richardson对应计项目的推导结果，对我国的上市公司进行了实证研究，结果表明：现金盈余的可持续性大于应计项目的可持续性；在应计项目的不同组成的可持续性中，金融资产年变动额引起的应计项目的可持续性较差，流动资产年变动额引起的应计项目大于长期资产的，短期负债大于长期负债的，净流动资产年变动额引起的应计项目的可持续性大于净非流动资产的，但与成熟资本市场不同的是，金融资产的可持续性较低。总之，盈余的可靠性与其可持续性呈正相关关系，应计项目的可靠性越差，其可持续性越低。本书还发现，与成熟资本市场类似，我国投资者同样也不能区分可持续性不同的经营现金流量和应计项目，进行了错误的股票定价，但是，在对应计项目的不同组成的价值相关性进行研究时，我们发现，应计项目的可持续性越强，其价值相关性就越大，或者说，应计项目的可靠性越差，其价值相关性就越低。因此，将可靠性较低的应计项目引入到会计报表中将会导致盈余信息质量的下降，并最终导致会计信息相关性和有用性的降低。

（4）运用 Penman 和 Sougiannis（1998）的研究方法，假定能够100%准确地预测未来的财务信息，即通过事实上已经存在的财务信息，运用股利贴现模型、自由现金流量贴现模型、Ohlson 模型对1997~2002 年的股票在不同预测期间的预测值进行计算，并和其对应的股票价格及价值进行混合回归分析发现，Ohlson 模型在所有预测期间对股票的价格几乎没有解释力，这与成熟资本市场具有较大差异，但 Ohlson 模型对股票的内在价值具有明显的较其他两模型强的解释力，从而证明了 Ohlson 模型对计算企业内在投资价值的有用性，同时也说明我国股票价格在研究期间不能反映其真正内在价值的大小，因此我国资本市场的效率有待提高。本书还发现，随着预测期限的增大，Ohlson 模型、自由现金流量模型、股利贴现模型对股票内在价值的解释力均逐步增大，但 Ohlson 模型的解释力始终高于其他两模型的解释力，从而证明了对未来准确预测的期限越长，计算出的预测值就越准确。总之，本书的研究证明了 Ohlson 模型对计算股票内在价值的有用性，即预测以债权发生制为基础的利润比预测自由现金流量和股利支付更有用。

（5）运用 Ohlson 非线性模型的对国内、国际会计准则的价值相关性进行比较的研究发现：无论是以 A 股股票价格还是以 H 股股票价格为股票内在价值评价标准，基于国际会计准则预测值与股票价格的相关性大于基于国内会计准则的预测值与股票价格的相关性，从而证明了国际会计准则的有用性较国内会计准则大。

（6）由于我国股票价格尚不能完全反映其内在价值，因此，我国资本市场的效率有待提高，为进一步提高我国资本市场的效率，促进我国资本市场健康发展，最大限度地保护投资者的利益，提高会计信息的价值相关性和有用性，笔者提出了我国应完善配套法律、会计准则进一步国际化、正确处理可靠性与相关性之间的关系、取消券商自营、加强对中小投资者投资知识的教育以及进一步发展偏股型投资基金等机构投资者等一系列措施。

（7）针对 Kormendi 和 Lipe 盈余可持续性指标模型的不足，借助 Ohlson 模型中股票内在价值与会计信息之间准确的数学逻辑关系，假定企业仅把企业盈余按一定的比率支付给股东，在借鉴 Kormendi 和 Lipe 盈余可持续模型的基础上，推出了具有严密逻辑关系的新的更符合现实条件的盈余可持续性指标。我国上市公司的实证检验表明，本书构建的盈余可持续性指标具有更强的解释力。此外，本书在运用 Ohlson 模型计算了不同企业不同年份终端隐含价值的基础上，对影响终端隐含价值的因素进行了分析，发现企业预测期盈利能力、行业市场占有率、负债/资产比率、固定成本结构对终端隐含价值有显著正的影响，证明了代理理论适合我国国情，企业负债有利于企业盈利的长期可持续性；而企业规模、投资规模对终端隐含价值有显著负的影响，说明我国上市公司资金的使用效率有待提高。

12.2 实证研究结论的启示

12.2.1 我国会计信息的价值相关性有待进一步提高

第 5 章的研究表明，我国上市企业价值相关性虽然经历了一个下降—上升—下降—上升的过程，但早期（特别是 1997 年左右）较高的会计信息价值相关性却与较高的非主营业务利润相随，我国非主营业务利润占主营业务利润的比例经历了一个从上升到下降的过程，1996 年达到最大（47.4%），然后逐年下降，1998 年下降最为显著，由 1997 年的 36%下降到 1998 年的 13.92%，到 2002 年则下降到 3.2%。与成熟资本市场完全相反的是，我国非主营业务利润的比例对价值相关性有显著正的影响，1996 年价值相关性的提高主要是非主营业务利润比例提高造成的，因此，在我国证券市场并不十分有效的情况下，会计信息价值相关性的高低并不能反映我国会计信息对指导投资者进行投资决策的有用性大小。

第 6 章的研究结果进一步证明了第 5 章的研究结论，我国早期资本市场不能识别可持续不同的主营业务利润和非主营业务利润，非主营业务利润的价值相关性较主营业务利润的高。第 7 章的研究结果进一步证明，我国资本市场不能识别可持续性不同的经营现金流量与应计项目，应计项目的相关性大于经营现金流量，资本市场进行了错误的定价。第 9 章的研究结果表明，无论是以 A 股股票价格还是以 H 股股票价格为评价标准，我国国内会计准则生成的会计信息的价值相关性均低于国际会计准则的价值相关性，说明要提高我国会计信息的价值相关性，我国会计准则有待于进一步向国际会计准则迈进。

12.2.2 我国资本市场的有效性有待进一步提高

本书发现，虽然我国资本市场在不少方面具有成熟资本市场特征，但其不成熟特征也十分明显。我国资本市场效率较低，股票价格严重偏离其内在价值，其主要证据如下：第 2 章在我国资本市场和会计改革的发展历程的介绍中，首先通过规范的分析方法，对股票价格偏离其内在价值的原因予以说明，同时通过实证统计研究的分析方法，对我国早期市盈率和市净率偏高这一事实予以说明。第5章的实证数据表明，非主营业务利润的比例对我国会计信息价值相关性的影响与成熟资本市场完全相反，说明我国资本市场不能识别这两种可持续性不同的性质的利润。第6章对主营业务利润、非主营业务利润对价值相关性的影响进行了进一步研究，实证结果表明，2002年前，我国资本市场不能识别这两种可持续不同性质的利润，但2002年后我国资本市场对这种错误的模式进行了纠正，从而提供了早期我国资本市场效率较低，我国资本市场接近有效的新证据。第7章对经营现金流量和应计项目的不同可持续性与价值相关性进行了进一步的研究，实证结果表明，与成熟资本市场类似，我国资本市场同样不能识别可持续不同的经营现金流量和应计项目，进行了错误的定价。第8章的实证数据表明，当运用股票价格作为评价标准对Ohlson模型的价值相关性和股利贴现模型、自由现金流量模型进行比较时，此三模型的解释力并无显著差异，这与成熟资本市场完全不同，但当以通过股利贴现模型的转化形式计算的股票内在价值进行比较时，Ohlson模型对股票内在价值的解释力明显高于其他二模型，这就进一步从另一个角度证明了我国股票价格不能反映其内在价值，从而进一步提供了我国资本市场效率有待提高的证据。第10章的研究表明，由于我国资本市场的效率有待提高，因此，Kormendi和Lipe的盈余可持续指标对我国资本市场的盈余反应系数的解释力不强。第11章则在我国资本市场效率不高假设的情况下，运用改进的Ohlson模型对影响我国上市公司盈余可持续性的因素进行了研究。

12.3 提高我国会计信息价值相关性和资本市场有效性的政策建议

通过以上分析我们可以看出,我国股票价格尚不能完全反映其内在价值,因此,我国资本市场的效率有待提高。为进一步提高我国资本市场的效率,促进我国资本市场健康发展,最大限度地保护投资者的利益,提高会计信息的价值相关性和有用性,笔者认为,应从以下几方面努力:

12.3.1 完善配套法律,严防会计信息造假

根据本书对 Ohlson 模型的研究可以看出,会计信息与股票内在价值之间存在着精确的数学联系,特别是 Ohlson 模型线性形式的提出,使当期会计信息与股票内在价值的关系建立在严格的数学推埋而非凭空想象的基础上。然而,这一切假定会计信息是真实的,假若会计信息本身是虚假的,所有的这一切都无从谈起。因此,严防会计信息造假是提高会计信息价值相关性的最根本前提。为了提高我国会计信息的价值相关性,必须进一步完善并严格执行《中华人民共和国证券交易法》(以下简称《证券交易法》)、《中华人民共和国会计法》(以下简称《会计法》)、《中华人民共和国刑法》(以下简称《刑法》)等法律法规,使我国证券交易建立在更加"公开、公平、公正"的基础之上,最大限度地保护中小投资者的利益,严厉打击会计信息造假、内部交易、操纵市场等行为,为我国资本市场进一步创造必要的外部环境。

2001年发生的安然、世通等惊天财务丑闻致使美国资本市场损失了7万亿美元的市值，几乎彻底消融了全球投资者对美国资本市场的热情。为了重塑投资者的信心，美国国会通过了由参议员萨班斯和众议员奥克斯利联合提出的《萨班斯—奥克斯利法案》，该法案的302条款要求上市公司的首席执行官（CEO）和首席财务官（CFO）必须对财务报告的真实性负全责并宣誓，如果此二人在明知向SEC提供的财务报表有不真实的财务信息情况下仍签署书面声明，将被处以高达100万美元的罚款和上至10年的监禁，如果属于"有意欺诈"性质的提供虚假财务报告，将被处以高达500万美元的罚款和上至20年的监禁——与美国持枪抢劫的最高刑罚相同。与《萨班斯—奥克斯利法案》相比，我国的相关法律显得过于宽容。我国1999年10月31日通过的《中华人民共和国会计法》第43条、45条规定，对编制虚假财务报告的"直接负责的主管人员和其他直接责任人员，处以3000元以上5万元以下罚款"。我国2005年10月27日通过的修订后的《中华人民共和国证券法》第193条规定，对于上市公司所披露的信息有虚假记载、误导性陈述或者重大遗漏的，"对直接负责的主管人员和其他直接责任人员给予警告，并处3万元以上30万以下罚款"。2006年6月29日第十届全国人民代表大会常务委员会第22次会议通过的《中华人民共和国刑法修正案》，该刑法修正案将《刑法》第161条修改为："依法负有信息披露义务的公司、企业向股东和社会公众提供虚假或者隐瞒重要事实的财务报告，或者对依法应当披露的其他重要信息不按规定披露，严重损害股东或者他人利益，或者有其他严重情节的，对其直接负责的主管人员和其他直接责任人员，处以三年以下有其徒刑或者拘役，并处或者单处2万元以上20万元以下罚金。可以看出，同样是会计信息造假，我国《会计法》、《证券交易法》和《刑法》在对直接责任的处罚金额上的规定不一样，从最低的《会计法》规定的最低5万元到

《证券交易法》规定的最高 30 万元不等。此外，我国《刑法》规定对会计信息造假者最高 3 年的有期徒刑的处罚，这在刑法所有罪名中几乎是最轻的一种刑事处罚。而我国《刑法》第 263 条对持枪抢劫处罚是"处 10 年以上有期徒刑、无期徒刑或者死刑"。可见，与《萨班斯—奥克斯利法案》相比，我国《刑法》规定的处罚与财务造假者所获得的巨大利益实在太不对称。2006 年 7 月 16 日，中国证监会对涉嫌虚增数亿元利润的财务造假者——广东科龙电器原董事长顾维军的行政处罚是：警告和 30 万元罚款并实施永久市场禁入。投资者普遍认为这个惩罚结果与数亿元的财务造假相比，只是九牛一毛的代价。虽然现在公诉机关正在追究该人的刑事责任，但如果顾维军没有挪用公款等其他罪名，仅就财务造假而言，法院依照当时的法律最多只能判他 3 年的有期徒刑，这个代价与其获得的巨大收益而比，实在是太小了。与《萨班斯—奥克斯利法案》的将被处以高达 500 万美元的罚款和长达 20 年的监禁——与美国持枪抢劫的最高刑罚相同的处罚相比，显然，我国的《刑法》的处罚实在不足以对财务信息造假者起到威慑作用。因此，笔者认为应进一步修改我国《刑法》，对会计信息造假者同样给予与持枪抢劫处罚相同的处罚，即对有意欺诈的会计信息造假者给予 10 年以上有期徒刑、无期徒刑或者死刑的处罚。

12.3.2 完善我国会计准则，我国会计准则应进一步国际化

由于成熟资本市场已有数百年的发展历史，借鉴成熟资本市场的经验可迅速缩短我国与成熟资本市场的差距。例如，美国财务会计准则委员会（FASB）、国际会计准则委员会（IASC）等世界主要会计准则制定机构都以投资者的信息有用观为导向，并特别强调会计的主要目标是满足资本市场的需要（FASB，1978；IASC，1994），而我国

2001年执行的《企业会计制度》中没有明确会计信息使用者。因此，为促进我国资本市场进一步发展，最大限度地保护中小投资者的利益，我国的会计目标必须确立以投资者投资决策决策有用观的为导向的改革目标。目前，我国会计准则在不少地方和国际会计准则仍有一定差异，这对于我国资本市场研发的发展及其国际化是极为不利的。例如，实证研究表明，在成熟证券市场研究（R&D），费用、市场开拓费用等与股票价值具有很强的价值相关性，但我国会计准则并没有对此项目的披露做出强制性的规范，这就导致投资者无法通过此项会计信息评估企业的价值，影响了我国会计信息的价值相关性。此外，还应进一步加强高质量会计信息支撑系统的建设，以确保会计准则的严格执行。例如，高质量的审计准则、具有竞争性和独立性的注册会计师、合理的公司治理结构等。

12.3.3 对券商的经营范围进行规范和限制

长期以来，由于我国准许券商自营证券交易，这就为券商凭借其资金优势"坐庄"操纵股市创造了条件，其结果不仅使中小投资者深受其害，而且使股票价格严重偏离其投资价值，降低了我国资本市场的有效性，并最终导致大批券商垮掉，直接威胁我国资本市场的健康发展。因此，取消或限制券商的自营业务无疑有利于保护中小投资者的利益并促进我国资本市场的发展。

12.3.4 正确处理可靠性与相关性的关系

我国会计准则在向国际会计准则靠拢和改革的进程中要重视相关性的一面，当相关性与可靠性发生冲突时，应把可靠性放在首位，否则将最终导致我国会计信息有用性的降低。例如，1998年我国实施的债务重组会计准则要求用公允价值计量债务重组收益，其本意是向国际会计准则靠拢，提高会计信息价值相关性，但由于我国产权、生产要素市场不完善，相关的公允价值难以取得，结果是不少绩差企业利用此准则操纵利润，使企业盈余的可靠性降低，最终导致会计信息有用性的降低，以致2001年我国的新的会计准则不得不改用账面价值计量债务重组收益。再如，2001年财政部颁布的新的《企业会计制度》，规定了八项资产减值准备，其本意是尽可能挤去企业资产和业绩中的水分，压缩资产泡沫，提高相关性，但在实际工作中，这八项减值准备反而又被不少企业利用，成为粉饰财务报告的"利润调节器"，以致我国2006年最新的会计准则不得不规定企业的减值准备不能被转回。我国2006年最新的《无形资产》准则中，允许开发阶段的支出进行资本化处理，无疑向国际会计准则迈出了一步，其出发点无疑值得肯定，但也要谨防被企业滥用，成为新的"利润调节器"，其结果不是提高而是降低会计信息的相关性。

12.3.5 进一步发展壮大理性的偏股票型投资基金等机构投资者

由于中小投资者的投资技巧、理性程度以及投资的理论水平较差，其交易的结果极易造成股票价格远远偏离其投资价值，形成股市泡沫。而理性机构投资者拥有信息、技术以及人员的投资技巧和投资理论优势，大力发展偏股型基金等理性机构投资者（而不是坐庄型的机构投资者）可形成理性投资队伍，促使股票价格向其内在投资价值回归，从而提高资本市场效率，促进我国股市的健康发展。

1867年，苏格兰成立的投资信托公司向股东提供贷款基金，标志着世界基金业发展的开始。"二战"后，基金业在世界各地获得大规模的发展,其中开放式基金占据主流地位。以美国为例,到1999年底,美国开放式基金规模达6.8万亿美元,而封闭式基金只有不到1600亿美元。开放式投资基金主宰着股市,引导大众的投资方向,对美国股市的发展做出了巨大贡献。

我国基金业的发展经历了不规范的封闭式基金试点阶段、规范的封闭式基金试点阶段、开放式基金试点阶段和证券基金法制化四个阶段。最早成立的基金是1991年10月分别由中国人民银行武汉分行和深圳南山区人民政府批准设立的"武汉证券投资基金"和"深圳南山风险投资基金",到1997年底,我国共有封闭式投资基金47家。1997年11月4日,中国证监会颁布了《证券投资基金暂行管理办法》,标志着我国的投资基金事业进入了新的发展阶段。最初的封闭式基金经历了一段迅速的发展,到2001年底,已有基金管理公司15家,基金规模约800亿元。2000年10月,《财经》杂志发表了题为《基金黑幕——关于基金行为的研究报告解析》的文章,该文揭示了基金类似于"庄家"的肆无忌惮的违法操作手段:对倒、对敲、关联交易、内部交易、高位截获等,由此引起中国基金业、证券界乃至整个财经业界和政府监管部门的巨大反响。2000年"基金黑幕"事件引起了社会广泛的讨论,基金业的发展陷入低谷。2000年10月12日,中国证监会发布了《开放式证券投资基金试点办法》,之后,2001年9月,我国推出了第一只开放式基金,开放式基金的本质使得基金的运作更加透明,必须接受更多的公众监督并且面临每日赎回的压力,这客观上为基金业引入了更强的市场竞争机制,拉开了基金业市场化改革的序幕。我国开放式基金诞生以来,几乎呈几何级数成长,基金数目平均每六个月翻一番,其资产总额也呈跳跃性增长。我国国内开放式基金业的引入对我国资本市场的发展和市场有效性的提高起了极大的促进作用。2003年10月28日,第十届全国人大常委会第五次会议通过了《中华人民共和国证券投资基金法》，并于 2004 年 6 月 1 日施行，自此，我国证券投资基金进入了法制化阶段。

为进一步促进我国资本市场的发展，笔者认为我国还应从以下几方面进一步发展壮大我国机构投资者。

（1）进一步发展壮大基金业投资队伍。据中国银河证券基金研究中心日前发布的统计报告显示，截至 2006 年底，包括开放式基金与封闭式基金在内的公募基金，共持有股票市值的 3500 亿~3600 亿元，约占流通市值的近 20%，而占总市值的比例仅为 5%左右，位居持有股票的第一名，保险公司持有股票的市值约为 683.26 亿元，券商持有的股票市值为 610 亿~660 亿元，QFII 持有的股票市值约为 612 亿元，全国社保基金持有的股票市值约为 576 亿元。A 股限售股份以外的流通市值达 18736.45 亿元，其中，我国 A 股市场中的基金、券商、QFII、保险、社保基金等专业机构投资者所持市值已达 6355 亿元，约占 1.8 万亿元市值的 1/3。截至 2012 年 10 月，我国沪深两市的总市值突破 20 万亿元，根据 Wind 资讯的统计，截至 2012 年 3 季度末，57 家基金管理公司旗下 334 只基金的管理总资产已经超过 2.91 万亿元，持有股票市值达到 2.32 万亿元以上，持有同期 A 股总市值的比例已经达到 28%。而这个数据尚未包括部分在今年 8 月以后发行的近千亿份新基金，基金实际的资产规模早已超过 3 万亿元。其对市场内的关键行业、核心股票的持有量已经达到惊人的地步。根据《第一财经日报》的统计，截至 2012 年 9 月末，基金持有 35%的金融保险流通股，持有 38%的采掘业（煤炭、矿产）流通股、持有 33%的金属非金属业、34%的房地产业、30%的食品饮料、25%的机械行业。可见，虽然 2006~2012 年我国基金业已有很大的发展，但与美国 7 万亿美元规模的基金队伍相比，我国的基金业还有很大的发展空间。

（2）私募基金合法化。私募基金是指通过非公开方式，面向少数机构投资者募集资金而设立的基金。它的销售和赎回，都是基金管理人通过私下与投资者协商进行的，又可以称为特定对象募集的基金。以前，我国证券发行的理论和实践中并没有使用"私募"一词，而是过多地使用了"定向募集"这一概念。"定向募集"大致分为两类：向自然人定向募集和向机构投资者定向募集，其中向自然人的定向募集主要存在内部职工股和公司职工股两种形式，机构投资者包括证券公司、保险公司、商业银行、证券投资基金管理公司、企业年金、社保基金、财务公司、信托投资公司、境外合格投资机构投资者（QFII）以及经中国证监会认定的其他机构投资者。我国私募基金是从20世纪90年代开始发展的，最初是证券公司利用在开拓承销业务中与大客户结成的良好关系，为大客户代理进行一级市场的新股收购。其后，上市公司将发行股票筹集的闲置资金委托证券公司进行投资，众多的咨询公司和顾问公司也以委托理财方式运行着规模宏大的"地下"私募基金。目前，私募基金已成为中国资本市场的一支强大的生力军。中央财经大学的一份研究报告显示，截至2006年底，我国私募基金占投资者交易资金的比重达30%~35%，整体规模超过公募基金的1倍。但迄今为止私募基金仍没有得到国家法律的公开承认。私募基金合法化可规范其发展，有利于培养理性的投资队伍、稳定市场和树立投资者信心。

（3）进一步发展合法的境外投资者。2002年11月8日，证监会和中国人民银行联合颁布了《合格境外机构投资者境内证券投资管理暂行办法》（以下简称《办法》），于是，我国引入了合格境外机构投资者（QFII）。由于QFII采用国际的视野在我国进行股票投资，自此，我国证券投资的理念焕然一新，价值投资理念成为股票投资的主旋律，QFII对我国资本市场有效性所作的贡献有目共睹。但是，由于QFII在投资额度上受限，因此QFII的影响力有限。为改变这一局面，2006年

1月4日，我国商务部、证监会、国家税务总局、国家工商总局、国家外汇局五部委发布的一项股市新政正式登场。这份名为《外国投资者对上市公司战略投资管理办法》的文件，宣布了自2006年1月30日起允许外国战略投资者购买A股，这是继合格境外机构投资者（QFII）实施之后的又一重大举措。该《办法》对引入战略投资者直设下限，不设上限，与QFII有所不同，以往境外投资者只能通过QFII进入A股市场，而且在投资额度上多有限制，因此该《办法》等于将外资流入国内资本市场的"天花板"掀掉，自此，境外机构对我国股市的投资政策进一步放宽。为了进一步吸引境外资本对我国证券的投资，笔者建议我国应制定更为优惠的政策，以吸引更多的外资进入我国股市，促进我国资本市场的发展。

（4）允许更多的基金管理机构持有股票。据Ibbotson协会对美国的统计，1926~1996年持有国库券的年平均报酬率为3.79%，持有长期企业债券的年均报酬率为5.96%，而持有普通股票的年均报酬率为12.67%，从年均报出率上看似乎差异不大，但由于复利的威力，如果持有期为70年的话，则有数千倍的差异。可见，要想使基金管理机构持有的资产增值，动用一部分资金购买股票是最佳的选择。美国早期的法律或传统规定大学捐助基金只能投资于债券或不动产。20世纪30年代年，斯坦福大学向法院申请破产，要求把一部分资金投资于普通股，以在一定程度上减少通货膨胀的影响，此后，美国大学捐助基金开始投资于普通股。1964年，Vance、Sanders和Company发表的一项调查报告揭示，美国65个主要大学56%的资金投资于普通股。2006年，耶鲁大学基金会管理着140亿~150亿美元的资产，而管理资产最多的哈佛大学基金会的资产在2005年高达259亿美元，令人吃惊的是哈佛大学的巨额资产是靠投资股票获得增值的，这得益于哈佛大学基金管理公司的首席执行官杰克·米亚的直接投资管理，在他任期的15

年时间内，哈佛大学基金会的资产由 47 亿美元增加到 259 亿美元，年回报率接近 16%。2006 年 4 月，美国耶鲁大学成为我国首家境外非金融机构的 QFII，这是中国首家获批的 QFII 资格的大学基金会。此后，哈佛大学等著名大学相继成为我国获批 QFII 资格的大学基金会。我国若允许诸如大学捐赠基金之类的基金投资于股市，不仅可以确保这些基金的增值，而且还可以活跃我国股市，特别是大学基金拥有人才、投资理论和科研优势，因此，允许大学基金之类的资金进入股市还有利于我国资本市场有效性的提高。

12.3.6 加强对中小投资者进行投资知识的教育，培养理性中小投资者

笔者认为，我国资本市场效率不高，坐庄者随意操纵股市而获取暴利，与我国中小投资者投资知识的匮乏有很大的关系。不少中小投资者抱有一夜暴富的心理，将资本市场当成了赌场，根本不去分析企业的内在投资价值，其结果是不少毫无投资价值的股票被炒得高高在上，而一些绩优大盘蓝筹股的价位虽然很低，却因其价格总是不上涨而倍受中小投资者的冷落。实际上，资本市场与赌场具有本质的不同，股票的价格最终是由其内在价值决定的。我国资本市场的股票价格远远偏离其投资价值除我国投资者投资渠道较少的原因之外，与投资者投资者投资知识的匮乏有很大关系。笔者认为，我国可从以下几方面加强对中小投资者的投资知识的教育。

（1）进行全民普及性的义务教育。在初中义务教育课程中增加基础会计、简单的股票投资等课程，促使我国公民对股票投资知识和会计知识等具有初步的了解。实际上已经有不少国家和地区将基础会计列为义务教育课程，如我国的香港地区。

（2）政府有义务对投资者进行提醒教育。当股市暴涨到远远超过其内在价值时，政府有义务提醒投资者投资的风险，反之，当股市暴跌到其价格远远低于其内在价值时，政府有义务提醒投资者股票的投资价值。值得一提的是，1997年，当深圳股市暴涨到6000点之上时，《人民日报》及时发表评论，指出股票的投资风险，避免了我国资本市场泡沫的进一步加大，起到了很好的效果。

12.4 后续研究设想

会计信息价值相关性的研究涵盖的范围十分广泛，其影响因素也非常众多，但限于本书的研究篇幅和笔者的研究精力，本书只能对主要问题进行初步研究。下列内容将在本书完成后进行进一步的深入研究。

第一，A、B股价值相关性的比较研究。现有我国的A、B股的价值相关性的比较研究一般采用报酬模型Ohlson模型的线性形式或者以信息观的研究方法进行研究。由于这些研究模型固有的缺陷，因此其研究结论存在不足之处。目前，尚未发现有人运用Ohlson模型的非线性形式对我国的A、B股的会计信息价值相关性进行比较研究，本人将在后续研究中进行尝试。

第二，企业增长潜力对我国会计信息价值相关性的影响。限于篇幅限制，本专著在第5章中只能对这一问题进行初步研究，未能进行深入分析。笔者将在后续研究中深入细致地研究企业增长潜力对我国会计信息价值相关性的影响。

第三，公司治理对价值相关性的影响。目前，有关公司治理对价值相关性研究的文章并不多，本书的研究也未涉及这一问题，本人在后续研究中将对这一问题进行探讨。

第四，盈余可持续性对价值相关性的影响。目前，对我国上市公司盈余可持续性进行的研究相对较少，虽然本专著的第 10~11 章初步研究了我国盈余可持续性问题，但仍然不够深入。本人设想将运用 Ohlson 模型和其他模型对 Kormendi 和 Lipe 的盈余可持续性指标进行进一步改造，构建出更符合现实条件的盈余可持续性指标，并进一步对其影响因素进行检验。

12.5 本章小结

我国股票价格尚不能完全反映其内在价值，因此，我国资本市场的效率有待提高，为进一步提高我国资本市场的效率，促进我国资本市场健康发展，最大限度地保护投资者的利益，提高会计信息的价值相关性和有用性，笔者提出了我国应完善配套法律、会计准则进一步国际化、取消券商自营、加强投资者证券投资知识的教育以及进一步发展偏股型投资基金等机构投资者等一系列措施。

参考文献

[1] Abdel-Khalik A.R., Wong K.a. &Wu.A.. The Information Environment of China's and B share. Can we make sense of the numbers. The International Journal of Accounting, 1999 (34): 467–489.

[2] Ali. A. Hwang L.S., Trombley M. Accruals and Future Stock Returns. Tests of the Naïve Investor Hypothesis. Journal of Accounting. Auditing and Finance (Spring), 2000: 161–181.

[3] Ball R., Brown, P. An Empirical Evaluation of Accounting Income Numbers. Journal of Accounting Research, 1968, 6 (22): 159–78.

[4] Bao B.H., Chow.L. The Usefulness of Earnings and Book Value for Equity Valuation in Emerging Capital Markets. Evidence from Listed Companies in the People's Republic of China. Journal of International Financial Management and Accounting, 1999, 10 (2): 85–104.

[5] Barsky R., J. De Long. Why does the Stock Market Fluctuate?. Quarterly Journal of Economics, 1983 (9).

[6] Barth M.E.. Valuation-based Accounting Research. Implication for Financial Reporting and Opportunities for Future Research. Accounting and

Finance, 2000 (40): 7–11.

[7] Beaver W.H.. The Time Series Behavior of Earnings. Journal of Accounting Research, 1970, Supplement, 8 (3): 62–99.

[8] Bernard V.L. Accounting-based Valuation Methods, Determinants of Market –to –book Ratios, and Implications for Financial Statements Analysis. Working paper, 1994, University of Michigan.

[9] Bernard V. and T. Stober. The Nature and Amount of Information Reflected in Cash Flows and Accruals. The Accounting Review, 1989, 64 (October): 624–652.

[10] Bernard V.L.The Feltham–Ohlson Framework. Implications For Empiricists. Contemporary Accounting Research, Spring 1995: 733–747.

[11] Biddle G.C., Gim S.Seow. The Estimation and Determinants of Association Between Returns and Earnings: Evidence from Cross-industry Comparisons. Journal of Accounting, Auditing & Finance, 1991, 6 (2): 183–232.

[12] Binswanger M. Stock markets. Speculative Bubbles and Economic Growth. Northampton. MA. Edward Elgar Publishing. Inc, 1999.

[13] Black F. "Noise." Journal of Finance, 1986, 93 (1): 529–543.

[14] Chang J. The Decline in Value Relevance of Earnings and Book Values. 1999.Working Paper (University of Pennsylvania).

[15] Charles J.P. Chen. Shimin Chen. Xijia Su. Is Accounting Information Value-relevant in the Emerging Chinese Stock Market. Journal of International Accounting. Auditing & Taxation,2001: 101–22.

[16] Chen S., Sun Z., Wang.Y.. Evidence from China on whether Harmonized Accounting Standards Harmonize Accounting Practices.

Accounting Horizons, 2002, 16 (3): 183-197.

[17] Christie A. Aggregation of Test statistics. An Evaluation of the Evidence on Contracting Size Hypothesis. Journal of Accounting and Economics, 1990, 11: 143-183.

[18] Cramer.J.S. Mean and Variance of R^2 in Small and Moderate Samples. Journal of Econometrics, 1987, 35: 253-266.

[19] Daniel W. Collins. Edward L.Maydew. Ira S. Weiss. Changes in the Value-relevance of Earnings and Book Values Over the Past Forty Years. Journal of Accounting and Economics, 1997: 39-67.

[20] Easton.P., T. Harris. Earnings as an Explanatory Variable for Returns. Journal of Accounting Research, 1991.

[21] Eaton B.C., Lipsey R.G. Capital, Commitment and Entry Equilibrium. The Bell Journal of Economics, 1981, 12 (2): 593-604.

[22] Edwards. E.O., P.W. Bell. The Theory and Measurement of Business Income. University of California Press, 1961.

[23] Eichenseher.J.W.. Accounting Information and Equity Valuation on the Stock Exchange of Shanghai. 2000. Working Paper (University of Wisconsin-Madison).

[24] Fairfield.P.M., Whisenant. J.S., Yohn.T.L.. Accrual Earnings and Growth. Implications for Future Profitability and Market Mispricing. The Accounting Review, 2003a.

[25] Fama. E. Efficient Capital Market. A Review of Theory and Empirical Work. Journal of Finance, 1970, 25 (2): 383-417.

[26] Fama.E.F., Macbeth.J.D. Risk. Return and Equilibrium-empirical Tests. The Journal of Political Economy, 1973.

[27] Feltham. G. A., Ohlson. J.A. Valuation, Clean Surpus Accounting

for Operating and Financial Activities. Contemporary Accounting Research, 1995: 689–731.

[28] Flavin, M.A. The Adjustment of Consumption to Changing Expectation about Future Income. Journal of Political Economy, 1981, 89 (5): 974–1008.

[29] Francis, J., Olsson, P., Oswald, D.R.. Comparing the Accuracy and Explainability of Dividend, Free Cash Flow, and Abnormal Earnings Equity Value Estimates. Journal of Accounting Research, 2000 (38): 45–70.

[30] Frankel R., Lubomir Litov. Earnings persistence. Journal of Accounting and Economics, 2009, (47): 182–190.

[31] Frankel R., Lubomir Litov. Earnings Persistence. Journal of Accounting and Economics, 2009, 47 (2): 182–190.

[32] Giner. R., Reverte.C. The Value Relevance of Earnings Disaggregation Provided in the Spanish Profit and Loss Account. The European Accounting Review, 1999, 8 (4): 609–629.

[33] Graham.B., D.Dodd. Security Analysis. New York. McGram-Hill, 1934.

[34] Griliches. Z., Ringstad. V. Economies of Scales and the Form of the Production Function. North Holland. Amsterdam, 1971.

[35] Heibatollah Sami.Haiyan Zhou. A Comparison of Value Relevance of Accounting Information in Different Segments of the Chinese Stock Market. The International Journal of Accounting, 2004, 39: 403–427.

[36] Henndriksen.E. Accounting Theory. Richard D.Irwin.Inc.. Homewood. IL. 1965.

[37] Herrmann.D., Inoue.T., Thomas.W.B. The Persistence and

Forecast Accuracy of Earnings Components in the USA and Japan. Journal of International Financial Management and Accounting, 2000, 11 (1): 48-70.

[38] Herrmann.D., Inoue.T., Thomas.W.B. The Relation between Incremental Subsidiary Earnings and Future Stock Returns in Japan. Journal of Business Finance and Accounting, 2001, 289 (9 and 10): 1115-1139.

[39] Hribar. P., Collins. D. Errors in Estimating Accruals. Implications for Empirical Research. Journal of Accounting Research, 2002 (40): 105-134.

[40] Jacobsen, R. The Persistence of Abnormal Returns. Strategic Management Journal, 1988, 9 (5): 415-430.

[41] Jensen, M.C. Agency Costs of Free Cash Flow, Corporate Finance, and Takeovers. The American Economic Review, 1986, 76 (2): 323-329.

[42] Kallapur, S. Dividend Payout Ratios as Determinants of Earnings Response Coefficients: A Test of the Free Cash Flow Theory. 1991, University of Arizona.

[43] Keynes. J.M. The General Theory of Employment. Interest and Money. London. Harcourt Brace & Company, 1964.

[44] Kormendi, Roger, Robert Lipe. Earnings Innovations, Earnings Persistence, and Stock Returns. Journal of Business, 1987, (60): 323-345.

[45] Kothari.S.P. Capital Markets Research in Accounting. Journal of Accounting and Economics, 2001.

[46] Landman, W.. An Empirical Investigation of Pension Fund

Property Rights. The Accounting Review, 1986.

[47] Lanny G. Chasteen. Richard E. Flaherty. Melvin C. O'connor. Intermediate Accounting. Fouth Edition. McGraw-Hill. Inc.1992.

[48] Lehman.B. Asset Prices and Intrinsic Value. Journal of Monetary Economics, 1991.

[49] Lev, B., Thiagarajan, S.R. Fundamental Information Analysis. Journal of Accounting Research, 1993, 31 (2): 190-215.

[50] Lev, B. Some Economic Determinants of Time-series Properties of Earnings. Journal of Accounting and Economics, 1983, April (5): 31-48.

[51] Lipe, Robert C., Roger Kormendi. Mean Reversion in Annual Earnings and Its Implications for Security Valuation. Review of Quantitative Finance and Accounting, 1994 (4): 27-76.

[52] Lipe, Robert C. The Relation between Stock Returns and Accounting Earnings Given Alternative Information. The Accounting Review, 1990 (65): 49-71.

[53] Miller M., F. Modigliani. Dividend Policy. Growth and the Valuation of Shares. Journal of Business, 1961 (10): 411-433.

[54] Miller. M., Rock, K. Dividend Policy, Growth under Asymmetric Information. Journal of Finance, 1985, 40 (4): 1031-1051.

[55] Moffit.J., Rai.A.Information Content of Earnings and Special Items. A Re-examination. Working paper. 2002.Louisiana State University.

[56] Muller, D.C.The Persistence of Profits Above the Norm. Economica, 1977, 44 (176): 369-380.

[57] Myers, S. Determinants of Corporate Borrowing. Journal of Financial Economics, 1977, 5 (2): 147-175.

[58] Nichols, D.C., J.M. Wahlen. How Do Earnings Numbers Relate to Stock Returns? A Review of Classic Accounting Research with Updated Evidence. Accounting Horizons, December 2004, 18 (4): 263-286.

[59] Nissim. D., Penman. S.H.. Financial Statement Analysis of Leverage and How It Informs about Profitability and Price-to-book Ratios. Review of Accouting Studies, 2003 (8): 531-560.

[60] Nissim. D., Penman. S.H., Ratio Analysis and Equity Valuation: from research to practice. Review of Accounting Studies, 2001 (6): 109-154.

[61] Ohlson James A. Earnings, Book Values and Dividends in Equity Valuation. Contemporary Accounting Research, 1995, 11 (2): 661-687.

[62] Ou, J.A., Penman, S.H. Financial Statement Analysis and the Prediction of Stock Returns. Journal of Accounting and Economics, 1989, 11 (4): 285-329.

[63] Penman, S.H., Theodore Sougiannis. A Comparison of Dividend. Cash Flow, and Earnings Approaches to Equity Valuation. Contemporary Accounting Research, 1998.

[64] Preinreich. G. Annual Survey of Economic Theory. The Theory of Depreciation. Econometrica, 1938 (6): 219-241.

[65] Richardson. S.A., Sloan. R.G., Soliman. M.T., Tuna. I.. Accrual Reliability. Earnings Persistence and Stock Prices. Journal of Accounting and Economics, 2005 (39): 437-485.

[66] Robert W. Holthausen. Ross L. Watts. The Relevance of the Value -relevance Literature for Financial Accounting Standard Setting. Journal of Accounting and Economics, 2001 (31): 3-75.

[67] Shiller. R. Market Volatility and Investor Behavior. American Economic Review, 1990.

[68] Shiller..R. Irrational Exuberance. Princeton. 2000. NJ. Princeton University Press.

[69] Shinmin Chen, Yuetang Wang. Evidence from China on the Value Relevance of Operating Income vs. Below-the-line items. The International Journal of Accounting, 2004.

[70] Siegal.J. The Shrinking Equity Premium. Historical facts and Future Forecasts. Journal of Portfolio Management, 1999.

[71] Sloan. R.G.. Do Stock Prices Fully Reflect Information in Accruals and Cash Flows about Future Earnings. The accounting Review, 1996 (71).

[72] Stephen P. Baginski, Kenneth S. Lorek, G. Lee Willinger, Bruce C. Branson. The Relationship between Economic Characteristics and Alternative Annual Earnings Persistence Measures. The accounting Review, 1999, 74 (1): 105-120.

[73] Wan-Ying Lin. Implied Terminal Values in Equity Valuation. School of Management, Boston University, 1999.

[74] Watts.R.L. Conservatism in Accounting Part I .Explanations and Implications. Accounting Horizons, 2003, 17: 207-221.

[75] William. J.B. The Theory of Investment Value. Cambridge. Harvard University Press, 1938.

[76] Wu Donghui. Mispricing of Earnings Components. Empirical Evidence from China. A Thesis Submitted in Partial Fulfillment of the Requirements of the Degree of Doctor of Philosophy in Accountancy. The Chinese University of Hong Kong, 2003.

［77］ Xiang.B.. Institutional Factors Influencing China's Accounting Reforms and Standards. Accounting Horizons，1998，12（2）：105-119.

［78］ Xie. H. . The Mispricing of Abnormal Accruals. The Accounting Review，2001，76：357-373.

［79］［美］本杰明·格雷厄姆.格雷厄姆投资指南（第1版）［M］.王大勇，包文彬译.江苏人民出版社，2001（9）：5.

［80］陈晓，陈小悦，刘钊.A股盈余报告的有用性研究［J］.经济研究.1999，6：21-28.

［81］陈占峰.上海股票市场A股泡沫问题.市盈率测量与综合解释［J］.世界经济，2002（7）：63-70.

［82］程小可.中国上市公司盈余结构的业绩预测能力［J］.经济科学，2005（4）：109-116.

［83］盖地.关注"两则"，关注改革［J］.财务会计，2005（9）：8-9.

［84］葛家澍，杜兴强.关于会计信息的相关性和可靠性问题的思考（上）［J］.财会通讯，2004（11）：8-10.

［85］葛家澍，杜兴强.关于会计信息的相关性和可靠性问题的思考（下）［J］.财会通讯，2004（12）：9-13.

［86］郭俊秀，李国献.我国证券私募发行法律问题研究［J］.投资与证券：人民大学报刊复印资料，2006（10）：109-114.

［87］国家统计局.中国经济景气月报［J］.2006（1）：10.

［88］国家统计局.中国经济景气月报［J］.2006（8）：54.

［89］国家统计局.中国统计年鉴（2002）［M］.679-680.中国统计出版社，2002：666-667.

［90］国家统计局.中国统计年鉴（2005）［M］.中国统计出版社，2005：679-680.

[91] 何诚颖.中国股市市盈率分布特征及国际比较研究[J].经济研究,2003(9):74-81.

[92] 何孝星主编.证券投资理论与实务(第1版)[M].清华大学出版社,2004.

[93] 胡泳.机构投资者能带来怎样的"结构"[J].财富,2005(3):75(中文版).

[94] 黄正新.关于泡沫经济及其测量的几个问题[J].金融研究,2002(6):49-55.

[95] 黄正新.金融泡沫.理论模型与测度指标解释[J].数量经济技术经济研究,2001(8):59-61.

[96] "会计目标"课题组.对我国会计目标定位的思考[J].会计研究,2005(8):21-24.

[97] 李磊.外资救赎A股上市公司[J].经济导刊,2006(1-2):58-60.

[98] 李晓强.国际会计准则和中国会计准则下的价值相关性比较——来自会计盈余和净资产账面值的证据[J].会计研究,2004(7):15-38.

[99] 刘煜松.股票内在投资价值理论与中国股市泡沫问题[J].经济研究,2005(2):45-53.

[100] 刘旻.会计盈余和经营活动现金流量的信息含量的实证研究[J].预测,2001(6):44-47.

[101] 刘星,曾宏,王晓龙.我国上市公司盈利信息鉴别的实证研究[J].经济科学,2001(6):63-68.

[102] 卢春泉.证券市场与会计准则国际化[J].投资与证券:中国人民大学报刊复印资料,2002(2):4-8.

[103] 陆建桥.我国证券市场中会计研究的实证发现——1999年

度实证会计研究综述［J］.会计研究，2000（8）：55-59.

［104］陆静，孟卫东，廖刚.上市公司会计盈利、现金流量与股票价格的实证研究［J］.经济科学，2002（5）：34-42.

［105］陆一.什么是中国基金真正的黑幕［J］.投资与证券：中国人民大学报刊复印资料，2006（3）：47.

［106］陆宇峰.净资产倍率和市盈率的投资决策有用性［M］.上海三联书店，2000.

［107］栾浦贵.我国会计制度变迁的路径分析［J］.财会通讯，2005（1）：16-24.

［108］马洪潮.中国股市投机的实证研究［J］.金融研究，2001（3）：1-8.

［109］马伶俐.各国对R&D支出的会计处理比较以及对我国的启示［J］.经济论坛，2005（22）：133-135.

［110］潘国陵.股市泡沫研究［J］.金融研究，2000（7）：71-79.

［111］潘琰，陈凌云，林丽花.会计准则的信息含量.中国会计准则与IFRS之比较［J］.会计研究，2003（7）：7-15.

［112］沈爱华.取消券商自营［J］.资本市场，2005（4）：44-47.

［113］孙立，林丽.QFII投资中国内地证券市场的实证分析［J］.金融研究，2006（7）：123-133.

［114］孙伶，程胜.中国股市的历史方位［N］.中国证券报，2005-3-7.

［115］汤云为，陆建桥.论证券市场中的会计研究：发现与启示［J］.经济研究，1998（7）：50-59.

［116］藤泰.庄股时代的终结与蓝筹股时代的临界［J］.投资与证券：中国人民大学报刊复印资料，2001（11）：112-114.

［117］万继峰，李静.我国会计准则与国际会计准则的有用性比较

[J]. 经济科学, 2005 (5): 95-102.

[118] 王辉, 许家林. 我国基本会计准则与财务会计概念框架的比较 (Ⅲ) [J]. 财会通讯, 2006 (3): 31-34.

[119] 王开田. 会计规范理论结构 [M]. 中国财政金融出版社, 2001.

[120] 王跃堂, 孙铮, 陈世敏. 会计改革与会计信息质量——来自中国证券市场的经验证据 [J]. 会计研究, 2001 (7): 16-26.

[121] 王震, 刘力. 困境公司价值相关性研究 [J]. 管理世界, 2003 (1): 123-132.

[122] 闻章. 萨班斯法. 大考已经过去 [J]. 资本市场, 2006 (8): 70-72.

[123] 吴建业. 对会计目标的反思 [J]. 财会通讯, 2004 (9): 13-17.

[124] 吴联生. 企业会计信息违法性失真的责任合约安排 [J]. 经济研究, 2001 (2): 77-85.

[125] 吴水澎, 陈汉文, 谢德仁. 中国会计理论研究 (第1版) [M]. 中国财政经济出版社, 2000.

[126] 夏冬林. 财务会计. 基于价值还是基于交易 [J]. 会计研究, 2006 (8): 10-17.

[127] 夏普等. 投资学 (第6版) [M]. 清华大学出版社 (英文版), 2001.

[128] 谢百三. 证券投资学 [M]. 清华大学出版社, 2005.

[129] 徐继强, 黄燕铭等. 新会计准则长期利好证券市场——2006中国新会计准则分析 [N]. 中国证券报, 2006: 2-24A (12).

[130] 薛云奎, 王志台. R&D 的重要性及其信息披露方式的改进 [J]. 会计研究, 2001 (3): 20-26.

[131] 颜民，王平心，张勇果.中美典型强制性会计变更的经济后果与启示[J].经济科学，2006（2）：83-90.

[132] 易宪容，卢婷.国内企业海外上市对中国资本市场的影响[J].管理世界，2006（7）：4-14.

[133] 张兵，李晓明.中国股市的渐进有效性研究[J].经济研究，2003（1）：54-61，87.

[134] 张景奇，孟卫东，陆静.我国企业盈余持续性影响因素研究[J].管理评论，2010，22（3）：122-128.

[135] 张连起.嬗变、方略与特质.中国会计准则的趋同语境[J].财务与会计，2006（2）：13-15.

[136] 张文彤.SPSS11统计分析教程[M].（第1版）.北京希望电子出版社，2002.

[137] 张艳.我国证券市场泡沫形成机制研究[J].管理世界，2005（10）：34-40.

[138] 赵春光.会计信息价值相关性的变迁[J].经济管理，2003（2）：52-60.

[139] 赵春光.现金流量价值相关性的实证研究——兼评现金流量表准则的实施效果[J].会计研究，2004（2）：29-35.

[140] 赵亮.私募基金合法化及其对公募基金的影响[J].投资与证券：中国人民大学报刊复印资料，2006（6）：26-28.

[141] 赵彤刚，齐轶.谁撑起了1.8万亿市值[N].中国证券报，2006-11-27：A02.

[142] 赵宇龙，王志台.我国证券市场"功能锁定"现象的实证研究[J].经济研究，1999（9）：56-63.

[143] 赵宇龙.会计盈余披露的信息含量——来自上海股市的经验数据[J].经济研究，1998（7）：41-49.

［144］赵志君.股票价格对内在价值的偏离度分析［J］.经济研究，2003（10）：66-74.

［145］中华人民共和国财政部.企业会计制度（2001）（第1版）［M］.经济科学出版社，2001.

［146］周春生，杨云红.中国股市的理性泡沫［J］.经济研究，2002（7）：33-40.

［147］周游.中国股票市场估值研究［J］.经济理论与经济管理，2005（10）：27-32.

［148］朱宝宪.投资学（第1版）［M］.清华大学出版社，2002.

［149］朱武祥.行为金融理论及其发展［J］.经济学动态，2003（4）：63-67.

后 记

本书是在笔者博士论文《基于Ohlson模型的我国上市公司会计信息价值相关性研究》的基础上完成的，本书主要增加第10章和第11章两章的内容。在本书完成之际，首先要感谢我的导师、重庆大学副校长孟卫东教授，从原博士论文的选题、研究方法的选择以及参考文献的引用等，孟卫东老师严把质量关，给予精心的推敲和指导。在我攻读博士研究生期间，孟卫东老师的学习、科研、教学、行政等工作异常繁忙，但他经常从百忙中抽出时间，及时给予我指点和帮助。

感谢刘星教授，他主讲的"现代公司财务理论"课，为我的研究打下了深厚的理论基础。感谢张宗益教授，他讲授的"计量经济学"为我的实证研究打下了良好的基础。感谢刘斌教授，每当我在财务会计中遇到自己无法解决的问题时，刘斌教授总是给予耐心和细致的指导。

感谢江成山博士，在我编制计算机软件遇到无法解决的问题时，江成山博士给予了及时的帮助。感谢陆静博士，他为我仔细审阅和修改了博士论文的第5章。感谢康季军博士，是他给我提供了统计软件并及时指点软件中的操作问题。感谢黄波博士多次提供帮助。感谢王杏芬博士，是她帮我指点了不少会计中的问题。在本书的写作过程中，我受到了众多老师和同学、同事的帮助，在此无法一一列出，请接受我真诚的感谢。

最后，我要感谢我的父母和妻子。没有父母的鼓励和支持，我的博士论文是无法完成的。我妻子在生活上给予我极大的支持，是她承担了沉重的家务工作，才使我有时间专心从事研究工作，博士论文的写作才能得以完成。

张景奇

2012年11月于重庆